青少年必知的西学经典

本书编写组◎编

QINGSHAONIAN
BIZHI DE
XIXUE
JINGDIAN

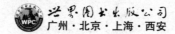

世界图书出版公司
广州·北京·上海·西安

图书在版编目（CIP）数据

青少年必知的西学经典/《青少年必知的西学经典》
编写组编写．—广州：广东世界图书出版公司，2009.11（2024.2 重印）
ISBN 978 - 7 - 5100 - 1238 - 9

Ⅰ．青… Ⅱ．青… Ⅲ．推荐书目 - 西方国家 - 青少年读
物 Ⅳ．Z835

中国版本图书馆 CIP 数据核字（2009）第 204883 号

书　　名	青少年必知的西学经典	
	QINGSHAONIAN BIZHI DE XIXUE JINGDIAN	
编　　者	《青少年必知的西学经典》编写组	
责任编辑	朱　霞　倪　敏	
装帧设计	三棵树设计工作组	
出版发行	世界图书出版有限公司　世界图书出版广东有限公司	
地　　址	广州市海珠区新港西路大江冲 25 号	
邮　　编	510300	
电　　话	020-84452179	
网　　址	http://www.gdst.com.cn	
邮　　箱	wpc_gdst@163.com	
经　　销	新华书店	
印　　刷	唐山富达印务有限公司	
开　　本	787mm×1092mm　1/16	
印　　张	10	
字　　数	120 千字	
版　　次	2009 年 11 月第 1 版　2024 年 2 月第 10 次印刷	
国际书号	ISBN　978-7-5100-1238-9	
定　　价	48.00 元	

出 版 缘 起

CHUBAN YUANQI

　　在人类文明发展史上，每个时代都有一批在各个领域创作出惊世之作的伟人，他们所留下的一份份宝贵的文化遗产和精神财富，既没有时空界限，也没有地域之分，像星斗辉煌于当时，也像阳光灿烂于今天。在人类历史上，他们是为数不多的一群人，但也是值得关注、值得崇拜、值得追随的一批人。他们用真理的力量统治我们的头脑，他们所留下的杰作已成为全人类共同的宝贵财富。这些人，我们称之为"大师"，这些伟大的作品，我们称之为"经典"。

　　人类文明史的一页页是由许多大师承接起来的。莎士比亚、贝多芬、达尔文、弗洛伊德、甘地、毕加索、海明威、钱钟书……每个名字都如雷贯耳，都代表着一个知识领域的高峰，正是他们不同凡响的创造，成就了人类文化的鸿篇巨制。有人说，"阅读大师经典之作，读懂读不懂都有收获"。尽管很多大师与我们生活在不同的时代、不同的国度，说着不同的语言，却时刻伴随在我们的精神世界中，遥远而又亲近。每一位大师都是一座丰碑，他们是精神的引领者和行为的楷模。阅读他们的经典之作，可以使我们变得深沉而非浮躁、清醒而非昏聩、深刻而非肤浅，可以使我们的人格得到提升，生命得到重塑。

　　读书可以经世致用，也可以修身怡心，而阅读经典、了解大师，是人生修养所应追求的一种境界。千百年来，大师们的经典著作影响了无数人。然而行色匆匆，为事业、生活忙碌奔波的现代人，几乎没有闲暇静下心来解读这些大师们给予我们的忠告和教诲，我们难以感受到伟大作品的力量。更为遗憾的是，伟大的作品又常常晦涩难懂，一些只有专业人士才肯翻阅的书籍令很多人望而却步，甚至敬而远之。在一切讲求快节奏的今天，每个人都希望能在最短的时间内获得最多的知识，为了帮助广大朋友寻找到一种最省时、最有效的方式，去阅读那些经典著作，我们跨越时空地域的界限，从人类文明发展史中采撷菁华，在参考诸多名家推荐的必读书目的基础上，组织数十位中青年专家学者编写了本书。

生命的质量需要锻铸，阅读是锻铸的重要一环。真正的经典都有一种强大的精神力量，指引我们如何为人处世。站在大师的肩上，我们能够看得更远；沿着他们开拓的道路，我们能够前进得更快。本丛书用最浅显的文字诠释大师们的深邃思想，用最易懂的字句传递原著中绞尽脑汁才能读懂的理论，以最简洁的话语阐述伟大作品的精华，让读者在最短的时间内汲取大师身上沉淀出的宝贵经验与智慧，走进一个神圣的精神殿堂。

阅读的广度改变生命历程的长短，阅读的深度决定思想境界的高低。大师经典带来的影响，不只是停留在某个时代，而是穿越时空渗透到我们的灵魂中。英国著名诗人拜伦曾经说过："一滴墨水可以引发千万人的思考，一本好书可以改变无数人的命运。"的确，读书对于一个人的文化水平高低、知识多少、志向大小、修养好坏、品行优劣、情趣雅俗，往往起着至关重要的作用。

一本好书是一个由优美语言与闪光思想所构成的独特世界，选择一本好书，不仅可以品味一时，更可以受益一生。

编　者

目 录

CONTENTS

理　想　国

柏拉图　Platon(古希腊　约公元前 427 年－公元前 347 年)

> 理想国不仅不是空想和梦幻，它是我们心中的理念，而且由于它的稳定性，比之所有那些处于流变之中，在任何时刻都是容易消亡的社会，是更加实在的。柏拉图的《理想国》，是所有其他对话围绕它而结构起来的中心，在《理想国》中，哲学达到了古代思想家们所曾达到过的顶峰。
>
> ——奥地利哲学家　波普尔

古希腊文明与古中华文明、古印度文明和古埃及文明并称于世，她曾经创造了思想与制度的光辉典范，她所达到的智慧顶峰是无人可以企及的。恩格斯曾说："如果理论自然科学和哲学想要追溯自己今天的一般原理和发展的历史，差不多都要回到希腊人那里去。"而柏拉图在希腊文化的形成和发展中占有至关重要的地位，他和德谟克利特、亚里士多德一样，都是当时希腊最博学、最睿智的百科全书式的学者，这位古希腊伟大的哲学家在西方的地位与影响，比之孔子于中国有过之而无不及。在璀璨的古希腊文明众多光辉灿烂的星辰中，柏拉图无疑是最为耀眼的一颗。其《理想国》、《会饮篇》、《斐多篇》、《美诺篇》、《费德罗篇》等著作为历代学者竞相传颂。

柏拉图对中世纪文艺复兴及近现代思想的影响是巨大的。文艺复兴中大量的柏拉图著作被重新发现，保存在伊斯兰世界的典籍被带回欧洲，重新引起了人们对古希腊艺术、思想的强烈兴趣，从而掀起了一场发掘和整理古代文化的运动。人们在整理古籍过程中开始重新理解柏拉图。意大利的一些柏拉图作品的翻译家组成了"柏拉图学园"，他们翻译了第一部柏拉图全集，并将柏拉图主义基督教化了。他们所创立的柏拉图学园对文艺复兴思潮有直接的影响，不仅在哲学上有深刻影响，而且也扩展到了文学、艺术领域。

在哲学领域，其思想根源受到柏拉图影响的哲学家举不胜举。突出的有法国行为哲学家布隆代尔、柏格森。黑格尔的理念论从内容到形式上都浸淫了浓厚的柏拉图气息，并且发扬了柏拉图的辩证法。柏拉图的《理想国》也启发了类似著作的问世。如托马斯·莫尔的《乌托邦》、培根的《新大西岛》，以及康帕拉的《太阳城》等，都描绘了作者所想象的理想国家。在此后对空想社会主义，乃至对马克思的科学社会主义学说的产生都有不可估量的影响。在柏拉图的智慧星空里，《理想国》无疑是最为耀眼的一颗星辰。它已经照耀人类几千年，为人类指引着方向，今后必将继续散发着它不朽的光芒。

旷世杰作 KUANGSHI JIEZUO

《理想国》是柏拉图集毕生精力所著的不朽之作，集其哲学与政治思想之大成。全书共分十卷，一般研究者将全书分为五个部分：第一卷是第一部分；第二至四卷是第二部分；第五至七卷是第三部分；第八至九卷是第四部分；第十卷是第五部分。

第一卷首先提出了全书要讨论的主题，并且绪论性地对这个问题作了讨论：关于什么是正义及其对人是否有益。正反两方面的答复都给出了，第一个回合，反方遭到驳斥，苏格拉底作为正义的辩护人的角色已经确定，全书的基调也确定了下来。

从第二卷开始，详细地讨论了苏格拉底的观点。第二至四卷作为第二部分，将个人正义与国家的正义作了类比，因其问题的相似性也就是苏格拉底所说的"大字"与"小字"的关系，将问题从个人道德上的正义转向国家的正义。国家由三个阶层组成：卫国者、辅助者、生产阶级。国家的正义在于三个阶层各司其职，互不相乱，和谐一致。与此相应，灵魂也由三部分组成：理性、激情、欲望。三部分的和谐一致构成灵魂的正义。这样就回答了第一个问题：什么是正义。这个问题是回答正义对人是否有利的关键。这一部分还提出了社会分工基础上的国家生成论。分工使人的生存能力增强，可以使效率提高。国家产生源自人类生活需要的多样性，没有一个人能够完全做到自给自足，因为人们的需要是多种多样的；由于彼此相互需要和相互帮助而居住在一起。人们不再满足于生存的标准，而要舒适地生活，城邦要扩张，军队因而产生，这样一个真正的国家就出现了。

第五至七卷作为第三部分，是以作为柏拉图哲学主体的相论为基本内容的。这部分论述了理想的国家中的妇女儿童问题。在古希腊，妇女是处于从属地位的，但柏拉图超出了这种流行的观点。在妇女问题上他是倾向于男女平等的观点的。柏拉图极其强调培养未来的统治者中教育的作用。教育成为实现理想国，培养下一代统治阶级，维持理想国的重要手段。他认为国家应该由且必须由哲学家来统治，整体的幸福才有可能获得。哲人王的教育是有计划地进行的。哲学家在理想城邦中不再允许脱离公众与社会独享沉思之快乐，他必须用劝说或者强制手段来帮助其他人认识到善。

在哲人王的治理下，达到城邦的整体和谐与幸福。

第八至第九两卷再次讨论起正义还是不正义对人更加有益的问题。其中讨论了由于理想政体的败坏而形成的四种不同的政体：荣誉政体、寡头政体、民主政体、僭主政体。柏拉图首先探讨了第一种不完善的政体是荣誉政体，他认为这种政体相当于斯巴达所推行的政体。比较而言，柏拉图对于这种政体更多的是持肯定的态度，认为它是现实政体中最好的。接着柏拉图指出寡头政体是建立在财产的考虑上的政府，在这种政府中，政权是操在富人手中，穷人不能分享政权。而民主政体则政治机会平等，允许个人有从事他所愿意的任何事情的自由。这无疑是指以雅典为代表的民主政体。而当民主政体中的穷人与富人之间产生冲突与斗争时，僭主就乘机取得政权，建立个人的独裁统治。这种政体是四种政体中最坏的、最可鄙的政体。与这四种政体相对应的是不同政体下的四种性格的公民，他们是依次失去对欲望的节制的品德递降的过程。到了僭主，他的人格完全为欲望所控制以致失去了理性，成了私欲的奴隶，成了最不正义的人。正义的灵魂在理性的统治下，三个组成部分相互和谐。就是说幸福在于正义。

第十卷重新讨论了诗歌的形而下性。柏拉图认为，艺术的本质是复制和模仿。故而认为诗歌相对而言，只是摹本的摹本：可感事物是对理念的一种模仿，而诗歌创作又是对可感事物的模仿，因而距离本身更为遥远，是

形而下的。诗人对模仿的东西没有真知，甚至也不能有正确意见，而他们创造的作品使人迷惑，妨碍了人对真知的追求，因为诗歌吟咏引发人的情感与欲望，对理性是一种威胁，因而要将诗歌逐出城外。

❀借柏拉图一双慧眼看世界

哲学作为文明的一个不可或缺的部分，是所有社会科学和自然科学的统帅。"有了哲学，你看世界的眼睛将更明亮。""两千年的西方哲学史都是柏拉图的注脚。"可见柏拉图其人与其作品在西方哲学中的重要性。《理想国》作为他的代表作，其重要性更是不言自明。

柏拉图在震古烁今的《理想国》里谈及了道德问题、教育问题、专政问题、民主问题、独裁问题、共产问题、文艺问题、宗教问题以及男女平权、男女参军、男女参政等等问题，其所涉及之广、言论之深，无不让人击节叫好、瞠目结舌！如果说亚里士多德的学问是分科性的，那么柏拉图的学说便是综合性的。在当今这个急需通才的时代，柏拉图是我们每个人的楷模。书中的核心思想是："哲学家应该为政治家，政治家应该为哲学家。哲学家不应该是躲在象牙塔里死读书而百无一用的书呆子，应该学以致用，去努力实践，去夺取政权。政治家应该对哲学充满向往，不断地追求自己在哲学上

的进步,并利用哲学思想来管理民众。"柏拉图在下面的很大一段篇幅中不仅仅是发表了一下个人对此的观点,更是拟出了一份详尽的治国方略。他又比较了五种政体的优劣得失:贵族制、荣誉制、寡头制、民主制和暴君制。他指出这五种政体是依次退化的,由最正义依次退化为最不正义;相应于这五种政体的人也是依次退化的,由最正义依次退化为最不正义,由最幸福依次退化为最不幸福。中文译文将该书名译为《理想国》,达到了严复先生所说的"信、达、雅"的境界,也是抓住了这一要点进行意译的缘故。

最后柏拉图得出了正义的定义:"每个人都必须在国家里执行一种最适合他天性的职务。正确的分工乃是正义的影子。心灵的各个部分(理智、激情、欲望)各起各的作用,领导的(理智)领导着,被领导的(激情、欲望)被领导着。"他又针对人们容易把诡辩家当成哲学家的情况,提出什么样的人才是真正的哲学家:"那些专心致志于每样东西的存在本身的人——爱智

《理想国》英文版封面

者——真正的哲学家","哲学家是能把握永恒不变事物的人,而那些做不到这一点,被千差万别事物的多样性搞得迷失了方向的人就不是哲学家"。

此书最精彩的部分乃是第七章。柏拉图把理想国中的人分为三等:立法者、保护者和平民。而众所周知,"一切以人为本",要建立柏拉图心目中的那种理想国,非得有优秀的哲学家不可。应该如何进行教育才能培养出哲学家王实在是个让人头痛的问题。柏拉图在这里为那些将来要成为哲学家王的好苗子们,列出了一张从初等到高等教育的课程表:初等的文艺教育和体育教育→代数学→平面几何→立体几何→天文学→音乐→辩证法。相传柏拉图所建学园的门楣上写着这样的铭文:"不懂几何者莫入此门",可见柏拉图对数学这门被誉为"自然科学的皇后"、"大脑理性思维的体操"的科学的重视。在谈论音乐时,他提出"应该用心聆听音乐,而不是耳朵",即:单用耳朵听音乐,会错过音乐的深邃;单用心灵听音乐,会失去音乐的激情和灵魂。

柏拉图在辩论中的代言人苏格拉底(这可见柏拉图的伟大和谦虚,他曾说"过去和将来都不会有柏拉图写作的著作。现在以他署名的作品全属于苏格拉底,被美化与被恢复了本来面目的苏格拉底")对辩论术掌握得炉火纯青,显得游刃有余。正如阿得曼托斯所形容苏格拉底的"那些听你讨论的人由于缺乏问答法的经验,在每一问之后被你的论证一点儿一点儿地引入了歧途,这些一点儿一点儿的差误

青少年必知的西学经典

积累起来,到讨论进行到结论时,他们发现错误已经很大,结论已经和他们原来的看法相反了",他在大多数的情况下能把握住辩论的主动权,向对手发难或是提出一些仅需对方附和的说法,让对手明知进入了自己的逻辑圈套而无法跳出。不管我们把他的方法叫做诡辩也罢,辩论艺术也罢,他都是高明得很。我又想到,如不是生活在古希腊那样盛行辩论的国家,又怎能出如此英才!古希腊人在食不果腹的生活条件下,还有闲情看星星,谈月亮,讨论哲学问题,现代的一些人整日为名利所累,怎能不令人扼腕叹息!

我从柏拉图的角度来看他的反动观点,并不是感到可笑,相反,我感受到了他对雅典贵族政治堕落为寡头政治的痛心疾首,我仿佛触摸到了这位伟人思想的脉搏,不禁与他同喜同悲,与他同呼吸了。而读书的乐趣便在于此:作者用文字记录下自己的思想,读者以文字为基础,加上自己的阅历经验,近似地了解到作者的思想,并产生联想和思考。孔子说"温故而知新",大概说的就是这个意思吧。对《理想国》这本书,我每天读都会有新的收获、新的理解。相信当我不再是个毛头小伙,当我垂垂老矣之时,当我经历了许多事,见过了许多美好的和丑恶的事物,心情变得苍凉起来时,对这本书的理解一定会与现在的有很大的不同。拜《理想国》所赐,我改变了自己对人文的看法。谁说"当今世界是需要技术多于需要思想的年代"?现今的人们难道还不够浮躁吗?有时我真的无法想象没有人文思想领导的科技

究竟要把我们带往何处。

总之,《理想国》这本书带给我的是一个庞大的哲学体系的入口处的模糊印象,给人不同凡响的感觉。(佚名)

❋ 理想教育制度支撑的王国

理想国的公民在天然能力和素质上将是不同的,他们将专门从事他们天性适于做的工作。如果他们要有效行事和维持社会的稳定,保卫者等级的成员需要具备特有的性格特质。统治者和辅助者都需要坚定而勇敢。增强对他们全部公民同胞福利的深怀爱意的投入,统治者和辅助者一样必须是有道德的男人和女人。在柏拉图看来,在而且仅在男人和女人对什么东西是对的与错的、善良的与邪恶的、正义的和非正义的、聪明的和愚蠢的有正确的见解的前提下,他们才会成为有道德的。只有以知识或正确的意见为基础时,道德行为才会存在。获得健全的见解需要一个有效的教育制度,以反复灌输这些见解,为它们打下基础。

《理想国》中描绘的教育方法基于柏拉图对于人的心理的理解,基于他对人的人格结构的分析。这一教育体系的内容出自他对实在的终极性质的理论认识,出自他对一个认识阶梯的理论认识,这个认识阶梯使从幻影世界上升到对善本身的直觉变得可能。为保卫者规定的这一教育的目的是双重的:促成个人的身体发育和道德与理智进步,造就具有履行保卫者职责

所需要的个人素质、身心能力、态度和性情、技巧和知识的统治者和辅助者等级。对那些要管理和保卫国家的人的教育太重要了，不能像柏拉图所处时代的雅典那样，把它们交由私人的主动精神和个人决定去处置，应建立一个国家制度。

保卫者等级的孩子要完成三个科目的必修课程。这三个科目是人文科目、体育和数学。对于孩子品格的成功培养依赖于这三个必修科目之间保持平衡。

首先是人文科目。柏拉图相信，文学、视觉和音乐艺术对塑造和形成性格有巨大影响力。因此，在教育中它们具有重要作用。故事、歌曲、诗歌、戏剧、器乐和视觉艺术作品不只是审美趣味的对象，它们意味深长，表达了观念、价值和情感。使一个孩子接受随意采纳的文学、音乐和视觉艺术

《理想国》英文版封面

作品，在教育上是愚蠢的，它在让孩子的心灵和人格接受随意采纳的观念、价值和情感的有塑造力的影响。任何健全的教育体制无不包括对孩子们要接受的艺术作品做最认真的挑选。成长中的孩子应被体现和表达秩序、和谐和美的人为现象包围着。一种得到培养的对美的欣赏，本身便在道德上有教育意义。

其次是体育——身体的训练。一个保卫者等级的成员所需要的和谐稳健的性格不能单靠文学、音乐和艺术教育获得，还需要一种召唤体育的均衡措施。年轻的保卫者应被训练获得高标准的灵活运动能力，尤其应该经受一种使他们为参战做好准备的训练。为年轻的保卫者提供的身体训练应该是简便直接的，目的在于造就完好的身体健康状态。不需要精致的饮食、良好的食物或讲究的糖果点心，年轻人必须为他们在战事中肯定会碰到的艰难境况做好准备，而不要养成自我放纵的习惯和病弱之躯。

最后是数学，对数学学科的学习为保卫者进行高等教育提供了基础。

柏拉图学园

数学提供了一种理性思考方式的健全训练,它是通达理念世界和真知识的门径。保卫者们要学习的数理科学包括算术、平面几何和天文学。

教育制度是一种国家制度:统治者们创立和维护了它,以服务于国家的政治需要;它是保卫者等级的再生产制度中的一个重要组成部分。与这种教育制度相抵触,将会对国家的组织稳定性造成最为灾难性的后果。柏拉图曾经在《理想国》第八、第九两卷中提出了造成政治体制的变质形式的退化模式。重要的是,他提出的关于荣誉政治这种最初级和最轻微程序的政治退化的起源的解释是,它以对统治阶级的教育中的一种缺陷为基础。如果对统治者的教育过分强调体育,给他们灌输一种过分好战的观念,那么,这个统治等级就会内讧,政治权力就将落入好攻击的、爱荣誉的群体手中。当荣誉制国家的统治者上了年纪时,他们就将显示出对财富和奢华日益增长的兴趣。当财富变成了政治兴趣的对象时,荣誉制度就被财主们的寡头政治取代了。在寡头政治中,理想国的最后残迹消失不见了。这样贫富不均的城邦之间发生战争。当穷人推翻富人时,民主政治便建立了。在民主政治中,每个公民都是他自己的统治者;民主制国家没有协调一致的政策,没有有效的法律制度。如果一个人说服人民大众选他为统治者,以此反对不断力求重建寡头政治的富有等级和把所有时间都花在玩弄政治的寄生虫等级,当这个人出现时,僭主政治就将得到确立,这也是最为糟糕的政治形式了。

柏拉图对国家退化的解释以教育制度中的缺陷引致的心理损伤为基础。教育制度是理想国的制度组织结构中的一个必要成分。它对于心理上正常健全的思想来说是必要的:一旦奢华之物进入国家,为保证保卫者等级获得心理的稳定、坚强、性格的平稳和人格要素之间的正当关系,最精心周到的教育方案就成为必要。(佚 名)

《D 大师传奇

古希腊的大哲学家柏拉图公元前427年出生于雅典,父母皆是名门之后。他的出生与成长的环境使他受到充分的贵族子弟应受的熏陶和系统教育。柏拉图出生时,正值雅典城邦的衰落时期,柏利克里已去世两年了,伯罗奔尼撒战争还在继续,雅典社会正进行着剧烈的变动。柏拉图的叔父查

柏拉图

密底斯是苏格拉底的好友,因此柏拉图后来拜在苏格拉底的门下学习也是顺理成章之事。在大约20岁的时候,柏拉图正式加入贵族青年团体,从此放弃了成为一名诗人与悲剧作家的愿望,致力于哲学研究。

青年时代的柏拉图对政治生活曾经十分迷恋。属于30人委员会的亲族曾邀请他参加他们的团体,但30人委员会的暴政劣行使人们对寡头政治抱的梦想破灭了,柏拉图痛心于雅典贵族政治堕落为寡头政治,这使他猛醒过来,重新考虑他的政治立场。柏拉图出身贵族,他认为农民、工人、商人是物质财富的生产者和推销者,他们不可能也不必要去担负行政上的许多事务。政治活动是领导阶层的专职,是领导阶层义不容辞的一种道德责任。在柏拉图看来,国家应当好好培植下一代的年轻人,他自己决意钻研数学、天文学及纯粹哲学,与兼有朋友身份的老师苏格拉底反复论证,将欲立人,先求立己。

公元前339年雅典民主派当权,苏格拉底以传播异说、毒害青年的罪名而遭到控告,被法庭判以死刑,处变不惊的苏格拉底在从容地申辩之后,慷慨赴难。这令亲眼目睹了全过程的柏拉图悲痛不已,终生难以忘怀。柏拉图决心要继承苏格拉底的衣钵,在思维最为成熟的壮年时期著成《理想国》,这部书有对话25篇,影响深远。除了最后写出的《法律篇》之外,其余24篇均以苏格拉底为主要对话者。另有6篇对话经后人考证认定为伪作。苏格拉底一生不著一字,而柏拉图是西方哲学史上有大量著作流传下来的哲学家。

苏格拉底去世以后不久,柏拉图便离开雅典,周游于地中海地区,包括小亚细亚沿岸的伊奥尼亚一带,及意大利南部的若干希腊殖民地城邦,访问过毕达哥拉斯门徒所组成的学派。

柏拉图在他的不惑之年返回雅典,在这一年雅典签订丧权辱国的《安太尔西达和约》,将所有小亚细亚地区割让给波斯。雅典与斯巴达继续交战,统一的希望渺茫,整个希腊世界日渐垂危。柏拉图下定决心,在雅典城外西郊买了阿卡得穆花园,建立了自己的学园,开始了他的教育生涯。他的学园成了"中世纪和近代大学直接的先驱"。当时有许多学者登门造访,质疑问难,他的学园不仅成为雅典的最高学府,而且成为全希腊的学术中心。不少学生都是希腊城邦的世家子弟,教学活动是通过对话方式进行的。除了纯学术的研究,其重点仍在于学术与现实政治的结合,它不是意在超凡脱俗、远离社会生活,而在于用柏拉图的哲学、政治学引导下的教育方针培养城邦管理的中坚。从此柏拉图放弃政治,开始讲学著书,前后有20年之久。公元前347年,柏拉图以80岁的高龄无疾而终。

延伸阅读 YANSHEN YUEDU

《会饮篇》 被认为是柏拉图作为一个戏剧艺术家所有成就中最富有才华的作品。《会饮篇》中曾讲述他如何不受美色诱惑,坦然地与人相交。在

青少年必知的西学经典

这部书中,柏拉图对于精神与肉体的关系作了论述。他在灵与肉的分离上比其老师苏格拉底态度更加彻底。故后世人将没有肉体接触、完全精神上的恋爱称为"柏拉图式的爱情"。此外,书中还对美进行了阐释,柏拉图所说的美,不但包括物理对象,也包括心理对象和社会对象,美不仅包括对于视听产生快感的事物,而且包括引起倾慕,激起快乐、欣赏和享乐的一切事物。把柏拉图著作当成戏剧来读,不仅不是时下人们所欣赏的、别出心裁的"创造性背叛",而恰恰是一种对柏拉图本身的回归。从柏拉图对话的戏剧特征出发去理解柏拉图,既是文本自身构成的要求,也更是进入柏拉图丰富而多元话语系统的前提。既然生活本身不可以一言以蔽之,那么,柏拉图用戏剧而不是用论文来表达自身,也就正是为了更全面、更活生生地呈现问题并提出问题,让大部分人仅仅满足表层生动的故事,让细心而智慧的读者既领悟其中的"微言"也不忽视其"大义"。

* * * * *

《巴门尼德篇》 柏拉图最重要的哲学著作之一,它构成了柏拉图思想的一个重大转折。《巴门尼德篇》从结构上看,是由一个简短的引子、第一部分和第二部分组成。引子的作用在于交代谈话的背景与人物。尽管柏拉图在这里还是采用间接转述的对话形式,但是,本篇谈话之后他就基本上放弃了这种叙述方式。这再一次表明,写作《巴门尼德篇》时的柏拉图,正处于他的思想学说和写作风格等等方面都在发生巨大变化与转折的时期。在这部论著中,正是柏拉图自己首先对他自己的学说做出了全面深刻的反思批判,并在此基础之上建立起了一个初步的多元范畴论,哲学上的先验方法也由此开始。柏拉图认为,我们对那些变换的、流动的事物不可能有真正的认识,我们对它们只有意见或看法,我们唯一能够真正了解的,只有那些我们能够运用我们的理智来了解的"形式"或者"理念"。因此柏拉图认为,知识是固定的和肯定的,不可能有错误的知识,但是意见是有可能错误的。柏拉图还在这反思批判的基础上,尝试着重建"相论",也就是从对"相"自身的考察入手,以首先解决极端相反的"相"是否相互分离,或者相互结合,由此进一步地解决极端相反的"相"如何可能相互结合或分离。这也就正是柏拉图经过自我反思和批判后得出的清醒的结论。可以说《巴门尼德篇》不仅构成了柏拉图哲学的一个重大转折,而且更体现了一个哲学家伟大的自我批判精神。

形而上学

亚里士多德　Aristoteles(古希腊　约公元前 384 年一公元前 322)

　　亚里士多德思想的结构和内容是如此之深,以至不仅我们常常在不知不觉中用他的概念和术语思考问题,而且连他的反对者也不得不用亚里士多德式的语言去反对他。不同观点的人会对他做出不同的评价,但是,回顾人类思维的历程,谁都不会否认,亚里士多德是西方文化的一大奠基人。

——英国学者　乔纳逊·伯内斯

　　当我们谈到古希腊哲学时,有一个人物是不能不提到的,那就是亚里士多德。可以说,一部欧洲思想史就是对亚里士多德的诠释史,是他第一个以科学的方法阐明了各学科的对象、简史和基本概念,并把混沌一团的科学分门别类。亚里士多德奠定了经验主义的基本原则,也提出了公理化体系的理想。他的生物学直到 19 世纪才被改变形式;他的逻辑学在其后两千年之中一直是构成欧洲哲学统一性的基础;他的《形而上学》使他荣膺"哲学家之王"的称号。

　　亚里士多德对世界的贡献之大,令人震惊。黑格尔曾说:"如果真有所谓人类导师的话,就应该认为亚里士多德是这样的一个人。"亚里士多德无疑是与这一评价相称的。他徘徊在古

希腊的文化史中,游荡在天地人三界的广漠的知识领域中,撰写了百余部大著,开绽出一朵朵绚丽的精神之花。他的成就令他人难以望其项背,他对后世的影响之大无与伦比。他至少撰写了 170 种著作,其中流传下来的有 47 种。当然,仅以数字衡量是远远不够的,更为重要的是他渊博的学识令人折服。他的科学著作,在那个年代简直就是一本百科全书,内容涉及天文学、动物学、地理学、物理学、生理学等等古希腊人已知的各个学科。但他的成就远不止于此。他还是一位真正的哲学家,对哲学的几乎每个学科都作出了贡献。他的写作涉及道德、形而上学、心理学、经济学、神学、政治学、修辞学、教育学、诗歌、风俗以及雅典宪法。

亚里士多德的许多思想，今天看来依然非常先进，如"贫穷是革命与罪孽之母"、"立法者应该把主要精力放在教育青年上，忽视教育必然危及国本"。亚里士多德的著作到今天依然广泛流传，它们大多是教科书式的文献，很多甚至是亚里士多德学生的笔记。在中世纪的早期，由于新柏拉图主义的盛行，亚里士多德的著作没有被翻译。但到了12世纪，亚里士多德主义开始兴起，他的著作也被翻译成了各种欧洲文字，并成为中世纪后期的经典哲学，对人类的发展起到了举足轻重的影响。

旷世杰作
KUANGSHI JIEZUO

作为古代希腊伟大的思想家和哲学家，亚里士多德在西方的哲学发展史上占有重要地位，他的思想对后人产生了很大影响。其代表作为《形而上学》，全书共 14 卷，142 章。这是亚里士多德最重要的哲学著作。

这部巨著的第一、第二两卷总结了他的前辈们的哲学思想，着重回顾了这些哲学家关于世界本源问题的看法。从古希腊的米利都学派、毕达哥拉斯、柏拉图以及德谟克利特的学说中都引证了许多，但同时指出这些都没有提示世界的本源所在。在此基础上他提出了"四因说"，并指出探究事物存在和发展原因的重要性。

第三、第四、第六卷主要是讨论哲学的研究主题、对象以及科学分类的原则，并提出了若干个哲学研究的问题，如"哲学是否研究一切实体？有无

不可感觉的实体存在？实体是一种还是有若干种？"等等。这里亚里士多德不只是提出问题，实际上他对其中一些问题已做了回答。在第四卷当中他指出哲学对象是研究"存在"本身，或称为"存在的存在"，而存在的中心点就是实体。其他各门科学是研究"存在"的一部分及其属性。第六卷根据科学的研究对象的不同，把科学分为理论的科学、实践的科学和制造的科学。哲学、数学和物理学属于理论的科学。他认为哲学是研究既独立存在又不动的东西，它是其他科学的根本，优于数学和物理学。此外，他还论述了矛盾律这个形式逻辑的重要规律。亚里士多德认为，哲学研究的对象和范围，一方面是研究实体，另一方面是研究被认为是公理的那些真理。因为这些真理是适用于每一种存在的东西的，对于存在一律有效。而研究这两种东西的人，应该能够说出一切东西的最确切的原理，这个原理就是："同一个属性，不能在同一个时候，在同一个方面，既属于又不属于同一个主体。"这个原理是不证自明的。

第五卷解释了 30 个哲学术语，有"哲学辞典"之称。实际上是 30 个哲学范畴，如实体、性质、关系、数量、对立等。对每一个范畴的含义和内容做了规定。

第七卷阐述了他的实体学说，提出了"实体"的四种意义：本质、普遍、种和基质。第八、第九卷主要是讨论了质料和形式、潜能和现实这两对范畴。第八卷还提出了实体的三种意义：质料、形式以及质料和形式的结

青少年必知的哲学经典
QINGSHAONIAN BIZHI DE XIXUE JINGDIAN

合。并且还认为:质料是潜在的实体,形式是现实的实体。第九卷在讨论潜能和现实的关系时,在一定程度上表述了它们两者的辩证关系,并指出:现实的东西,原来一定不是现实的东西,但现实的东西的存在不能出于绝对不存在的事物,必须先有一个能成为现实的东西存在,这就是潜在的东西;潜在的东西的现实化就是运动。这三卷实际上是从不同角度来论述"实体",在《形而上学》中占有重要地位。

第十卷是独立论文,论"一",即讨论整体、连续、同一以及相关概念。第十一卷简单概括了《物理学》和《形而上学》前几部分,通常认为是伪作。

第十二卷主要讲宇宙总因的问题,这里表现了亚里士多德的神学思想。他认为宇宙间存在一个永恒的实体,它是没有任何质料的,亚里士多德称之为神,所以神是不依赖于任何东西的"自在自为"的东西,是至善的永恒存在。黑格尔把亚里士多德的这种神学理论称赞为"再没有比这个更高的唯心论了"。

第十三、第十四卷集中批判了数论派和理念论。亚里士多德对柏拉图的批判集中在一点,就是提出了理念论。把一般的"理念"看成是个别事物之外而独立存在的东西,从而使一般和个别分离开来。批判数论派时指出:他们看到了感觉事物具有数的属性,便设想事物均属于数,事物均由数所组成,这是荒谬的。数学的对象不能脱离感觉事物而存在,数存在于可感觉事物之内,数绝不能独立存在。

追本溯源的亚里士多德哲学

亚里士多德《形而上学》可说是西方哲学史上的第一部"哲学教程"。它一开始就是对哲学的性质、对象的论述。《形而上学》开篇是通过一段颂词由人的求知本性(爱智本性)出发进入到对哲学特性的剖析的。亚里士多德大概已经意识到,哲学的性质始终是由人的性质来规定的,人们把自己理解为什么性质的存在相应地就把哲学理解为什么性质的理论。从人的求知本性出发理解希腊人的"爱智慧"(哲学),就必然把哲学理解成一种最高形态的认识理论——它的对象是"最高的智慧"。这样一来,哲学(爱智慧)被划入了知识的范畴,通过将知识与智慧等同,又通过将知识与智慧进行等级分类,亚里士多德得出结论:智慧属于关于事物普遍原理和原因的知识,愈是普遍性的知识愈属于高一级的智慧,那种最高原因和最普遍的知识也就是最高的智慧。这一思想既是亚里士多德进行学术分类的根据,也是他界定哲学性质和对象的依据,由此"哲学"被看成是"最高的智慧":它的对象是本原或始点,是最初因;其任务是探索其所是的是,亦即第一原理和原因。"世上必有第一原理",哲学作为"最高的智慧"理所当然地探究这一终极目的和第一原理。

然而,关于"第一原理"、"终极目的"的"最高智慧"是我们人的力量无法达到的,它们属于"神"的知识领域。

亚里士多德把"终极目的"、"第一原理"直接称为"神",而认为以此为目标的第一哲学也就是"神学"。显然,亚里士多德是从人的爱智本性或求知本性出发来思考哲学的性质和对象的,结果遇到了唯有"神"才能有的智慧。哲学立足于人的本性(求知或爱智),却要去做神才能做的事,这必然使得哲学爱智陷入深刻的矛盾境地。应该看到,这是把哲学当做"最高智慧"必然要碰到的矛盾,是两千多年来西方哲学——形而上学传统最本质的矛盾。亚里士多德一方面肯定哲学是智慧,智慧就在于探求事物的原理与原因,由此把哲学引向科学思想方法;而另一方面,又把第一原理和原因归结为一种神性的存在,即所谓宇宙终极的至善和目的,认为因此哲学对象才成为"神圣的学术"和最高的智慧,这

《形而上学》英文版封面

样又把哲学引向神学思想方法。这样,"哲学"作为"最高的智慧"实际上就是以一种科学理智的形式建构起来的一种神学或者准神学的理论。西方哲学在其谱系形态上内蕴着这种"科学"与"神学"的双重特性,预制了科学与宗教的二元性对哲学方向的深远影响。换言之,其"最高智慧"的预设(终极目的、第一原理和原因、最高价值、最终实在等)与其"认知旨趣"的诉求必然处于内在紧张之中,这奠定了西方哲学的基本形态。

近代以来长期困扰着哲学家的科学与哲学之争实际上可以追溯到亚里士多德对哲学性质和对象的思考。通过对"万物本原"的古老爱智方向进行清理,亚里士多德确立了哲学追问的主题。他说:"一个自古至今大家所常质疑问难又一再没有找到通道的问题是:是者是什么,亦即何谓本体。"从对"本原"的究根式的追寻到对"本体"的探究,毕竟是两种不同的提法,由前者转变为后者表明亚里士多德对哲学主题的深层思考。"本原"最初要探究的是"万物由之而来又最终复归于它"的东西。在此之前一切哲学家都是从种种不同的方向上来展开"本原"问题的。例如泰勒斯的"水"、毕达哥拉斯的"数"、赫拉克利特的"火"、巴门尼德斯的"存在"、德谟克利特的"原子"等,自然哲学家追寻的"本原"往往是"事物的元素"、"原理"和"原则"。苏格拉底追寻事物的定义,是要说明美德的究竟所"是",这是城邦生活的"本原"。柏拉图后期理念论寻找的是一般概念间的结合,亦即原理,这是柏拉图哲学

追求的本原。亚里士多德意识到，在他之前的希腊哲学家几乎从各种可能的方向上展现了"本原"问题，而各种"本原"探究无非是找到一个用以说明和理解事物的"原因"概念。因此，在亚里士多德看来，"所有的原因也就是本原，所以人们说及原因时，它的意思与本原是一样多的。"亚里士多德把"本原"诠释成"原因"，这已不再仅仅局限于从"起始意义"的内涵上理解"本原"。亚里士多德正是在这一意义上总结以前的哲学，提出了哲学应当探讨"四因"（质料因、形式因、目的因、动力因），而事物之所以为事物只能由这"四因"加以阐明。据此，亚里士多德批判以往的哲学家往往只抓住某一种原因，如自然哲学家在探问万物始基时只注意到了质料因，柏拉图关于理念中事物之摹本的说法缺少了动力因等等。当然亚里士多德在本原问题上对柏拉图和以往哲学的批判是相当系统的，按照哲学史家的说法，这种批判最终使亚里士多德处在综合古代原子论和理念论的集大成的位置上。《形而上学》作为亚里士多德的"哲学"教程正是通过这一批判的视角确立哲学追问的主题的。哲学不能仅仅从原因角度思考本原，它还要进一步考虑本原作为起始、开端、首位的意义亦即"第一"的意义。这样一来，哲学不能仅仅停留在"四因"说上，它必须找出其中的最初的、第一性的原因。亚里士多德第一哲学的主题就是寻找这样的"第一原因"，这个"第一原因"就是他所谓的本体，《形而上学》其实就是一部"本体之学"。（田海平）

哲学与美的统一

叶朗先生在《现代美学体系》中反思西方审美哲学时指出："西方美学史是与西方哲学史骈体而生成的。"中西美学界对亚里士多德美学思想众星捧月般的研究与探讨，很少将其美学理论与其第一哲学特别是其本体论联系起来。而亚里士多德的《形而上学》是将其美学思考与其第一哲学的有关理论紧密结合在一起的，对其哲学思想特别是第一哲学的梳理是解读其美学思想的第一步。亚里士多德的哲学气魄宏大，内蕴精深，把以前的哲学兼容并蓄，力图融为一体。亚里士多德是一位空前的，在一定意义上也可以说是绝后的百科全书式的大学问家。他科学研究的范围非常广博，涉猎到已经产生、正在产生和还未产生的学科，以至研究各门科学史的学者往往都要在他的著作中寻找各门学科的起源。在这一点上，他以前的学者无法与他相比，在他之后也没有学者能够做到。亚里士多德指出：客观现实世界是真实存在且不以人的思想为转移的，哲学研究的对象就是这个客观世界，哲学是关于客观事物的最根本最原始的科学。现实中的个别事物并不像柏拉图所说，是什么"理念的摹本"，而恰恰是一切存在中最真实的存在，是"第一实体"。柏拉图的"理念"只是一种同现实个别事物的存在毫无关系的莫须有的东西。

亚里士多德在西方最先对科学作了明确的分类，他把知识分为实践的、创制的和理论的三大类。实践的知识是只研究行为者的活动本身，不管活动的外在结果,它包括伦理学、政治学、经济学等;创制的知识是关于技术的科学,一件作品就是根据技术的规则做成的,其中有诗学和建筑学等;理论的知识是为知识而知识,是对真理的纯粹思辨的研究,它包括物理学、数学和神学(或称第一哲学)。这三个理论科学的区别在于:物理学研究的对象是自身具有变动原因的事物;数学研究的对象是不变动的,不能脱离事物而独立存在的;第一哲学的研究对象既是脱离事物而独立存在的,又是不变动的事物。他提出四因说,认为具体的事物是由于四种原因而构成,即质料因、形式因、动力因和目的因。亚里士多德尽管指出了这四种原因,但是他并不主张要找出任何事物的这四种原因。他认为,在自然事物中,动力因和目的因往往与形式是合而为一的。如种子的目的就是长成大树,正是这一目的使它变化,目的达到也就完成了它的形式。所以,他认为只找出它们的质料因和形式因就可以了。

亚里士多德并不满足于找出具体事物的四个原因,他要进一步去探寻一切具体事物的最初的原因。他认为,这个最初的原因应该在"存在"中寻找。亚里士多德认为,所有的科学都研究存在的东西。但是存在的东西各式各样,如颜色是存在的,二尺长是存在的,但是它们都不能独立存在,只有和一个中心点发生关系时,方能存在。我们在世界上只能看到具有某种颜色的东西,或者有某种长度的东西,这些具有某种性质和数量的东西就是中心点。这个中心点相对于性质和数量来说,是一种根本意义的存在,因为性质和数量等都要依赖它才能存在。

亚里士多德把这种根本意义的存在叫做实体,把性质和数量等叫做属性。属性是具体科学研究的对象,实体则是哲学的研究对象。严格地说,亚里士多德并没有给"什么是实体"以一个准确而完整的界定。在《形而上学》中,他对作为第一性实体的个体事物进行了分析,认为它们是由质料和形式两个因素构成的。质料和形式在所构成的事物中起的作用是不同的。一个个体不能没有质料,质料是个体事物的基质。但是没有和形式结合的质料对一个事物来说,它只是一个潜在的可能性。使质料成为现实的是形式。不仅如此,正是由于形式使没有具体规定的质料有了规定,所以形式才是某一个事物之所以成为某一个事物的决定性的因素。因此,亚里士多德认为在作为实体的个体事物中,起决定作用的是形式,个体事物的属性都依赖于形式,所以形式才是个体事物的实体。既然把形式当做实体,形式就是本质,本质就是个体的共性。总之,亚里士多德的哲学作为存在的存在,艺术作为创制知识、表现现实的存在,美学是他的博大精深的哲学体系的有机组成部分。他采取现实主义观点,探索希腊艺术的历史演变,剖析宏伟的希腊艺术杰作,从中提炼美学范畴,总结艺术发展规律与创作原则,高度肯定艺术的社会作用,焕发出深刻的艺术哲学思想光芒。(佚 名)

大师传奇

亚里士多德是世界古代史上最伟

青少年必知的哲学经典
QINGSHAONIAN BIZHI DE XIXUE JINGDIAN

大的哲学家、科学家和教育家。他出生在马其顿沿岸的斯塔吉拉的爱奥尼亚城，父亲是马其顿王的御医。

亚里士多德18岁时，就被父亲送到当时著名的柏拉图学园，在那里他学习了20年，直至老师柏拉图去世。他勤奋刻苦，涉猎广泛，很受老师柏拉图器重。可是，柏拉图又说："要给亚里士多德戴上缰绳。"意思是说，亚里士多德非常聪明，思维敏捷，不同于一般人，如果不加以管教，就不能成为柏拉图期望的人。亚里士多德很尊敬他的老师，但是，在很多问题上，他又有着自己独立的思考和见解。他曾说过这样一句话："我爱我的老师，但是我更爱真理。"在学园里，亚里士多德经常和柏拉图争论，有时候，会把老师问得答不上来。后来，亚里士多德终于抛弃了柏拉图的许多唯心论观点。柏拉图去世后，由于学园的新首脑比较认同柏拉图的唯心学说，亚里士多德

亚里士多德

无法忍受，便离开了雅典。

离开学园后，亚里士多德接受了先前的学友赫米阿斯的邀请访问小亚细亚，还在那里娶了赫米阿斯的侄女为妻。3年后，亚里士多德又被马其顿国王菲利浦二世召回故乡，成为当时年仅13岁的马其顿王子即后来的亚历山大大帝的家庭教师。据记载，亚里士多德对这位未来的世界领袖灌输了道德、政治以及哲学的教育。亚里士多德运用自己的影响力，对亚历山大大帝的思想形成起了重要的作用。正是在他的影响下，亚历山大大帝始终对科学事业十分关心，对知识十分尊重。但是，亚里士多德和亚历山大大帝的政治观点或许并不是完全相同的。前者的政治观点是建筑在即将衰亡的希腊城邦的基础上的，而亚历山大大帝后来建立的中央集权帝国对希腊人来说无疑是野蛮人的发明。

公元前335年菲利浦去世，亚里士多德又回到雅典，并在那里建立了自己的学校。在此期间，亚里士多德边讲课边撰写了多部哲学著作。亚里士多德讲课时有一个习惯，即边讲课边漫步于走廊和花园，正是因为如此，学园的哲学被称为"逍遥的哲学"或者"漫步的哲学"。亚里士多德的著作在这一期间也有很多，主要有逻辑学方面的《工具论》，哲学方面的《形而上学》、《论灵魂》，自然哲学方面的《物理学》、《论天》、《动物志》，政治伦理方面的《政治学》，文学方面的《诗学》、《修辞学》等。他的作品很多都是以讲课的笔记为基础，有些甚至是他学生的课堂笔记，因此有人将亚里士多德看

做是西方教科书的第一个作者。

亚历山大死后，雅典人开始奋起反对马其顿的统治。由于和亚历山大的关系，亚里士多德因为被指控不敬神而不得不逃亡避难。一年之后，即公元前322年，亚里士多德去世，去世是因一种多年积累的疾病所造成的。关于他被毒死，或者由于无法解释潮汐现象而跳海自杀的传言是完全没有史实根据的。

延伸阅读 YANSHEN YUEDU

亚里士多德在文艺理论方面的传世著作是《诗学》，主要讨论悲剧和史诗。他是第一个用科学方法阐明美学概念、研究文艺问题的人。他认为史诗、悲剧、喜剧、音乐等的创作过程都是"模仿"。"模仿"是《诗学》中的重要概念，它摒弃了柏拉图笼罩在这一概念上的唯心主义的神秘色彩，将现实世界看做是诗的蓝本和对象，确立了艺术的现实真实性原则。根据亚里士多德的"四因"说及其形式概念，诗的艺术作为形式包括诗人对于诗的对象的形式化，这一形式化过程就是诗人的创造活动，即"模仿"活动；"模仿"就是"创造"，就是对象的"形式化"。因此，写诗这种活动比写历史更富于哲学意味，更被严肃地对待，因为诗所描述的事带有普遍性，历史则叙述个别的事。"艺术模仿自然"，即指"再现"和"创造"。这个观念为现实主义创作方法奠定了基础，这是他对美学思想最有价值的贡献之一。他认为悲剧和喜剧有差别：喜剧总是模仿比我们今天的人坏的人，悲剧总是模仿比我们今天的人好的人。《诗学》长期被埋没，也长期被误解和歪曲，直到19世纪才大致恢复了它的本来面目。

* * * *

《物理学》 是亚里士多德的关于自然哲学的著作。古希腊哲学经过漫长而艰难的跋涉，在自然哲学和精神哲学都已充分展开的基础上，终于在亚里士多德这里达到了一个全面系统的综合，并在层次上飞跃到了一个纯粹形而上学的，即超越自然哲学和精神哲学的纯哲学境界，这就是西方哲学史上第一个形而上学体系的完成。全书共分8卷，各卷原先可能是一些独立的专题论著或讲稿，后来由他的弟子编纂而成。在亚里士多德的著作里，物理学这个字乃是关于希腊人所称为"phusis"的科学；这个字被人译为"自然"，它以运动变化的、物质的自然事物作为研究对象，论述了自然界的普遍原理和运动发展的规律。亚里士多德说，一件事物的"自然"就是它的目的，它就是为了这个目的而存在的。因而这个字具有一种目的论的含义。有些事物是自然存在的，有些事物则是由于别的原因而存在的。动物、植物和单纯的物体是自然存在的，它们具有一种内在的运动原则。自然是运动或者静止的根源。如果事物具有这种内在的原则，它们便"具有自然性质"。该书提出了比较系统的运动的理论，认为运动是事物从潜能变为现实。运动与物体不可分。运动是永恒的，既无开端，也无终结。一切运动都以一定的空间位置和时间为前提，运动和空间、时间是不可分割的。亚里士多德的这部分思想既是唯物主义的，又包含着丰富的辩证法。

忏 悔 录

奥古斯丁　Augustinus(北非　354 年－430 年)

《忏悔录》既是西方忏悔文学的源头,更是基督教理论的奠基之作。它为上帝的存在找到了恰当的理由,使其存在成为可能。正因如此,它被基督教徒视为神圣之书,对其顶礼膜拜。我们在感叹其飞扬文采之外,不禁为其灵魂的真诚而感佩,为其信仰的经历所激励。

——中国科学院院士　刘起成

基督教的感召是面向每个人的,它向每个人都宣示希望。每个人都有希望,而不管政治上怎么无能为力、物质上怎么苦难重重,也不管品行怎么不良、性格怎么软弱。生活是一个激动人心的历史过程的一部分,在这个过程的终点,可以期待此世生活的苦难和不公会受到补偿。最重要的是,有一位天父,他能够将仁慈和拯救一视同仁地施派给有罪的人和虔诚的人。奥古斯丁,就是基督教教会哲学的集大成者,一个创立了基督教宗教哲学体系的神学家和哲学家。他脱颖而出,把基督教和新柏拉图主义综合起来,是沟通古代时期和紧随其后的基督教时代的最早一批神学家之一。

被称为"圣人"的奥古斯丁是天主教会的"真理的台柱"和中世纪无可争辩的权威。一个经院哲学家抱怨说,他之所以被责难为异教徒是因为他没有把奥古斯丁的著作与《圣经》等量齐观。奥古斯丁曾说:"如果我甚至怀疑一切,那就是说在怀疑着的我存在着。"从中我们看到了笛卡儿那句传世名言"我思故我在"的渊源。笛卡儿力图通过"自然的曙光"确立人的理性的万能,但奥古斯丁却想通过神秘的直觉达到"同上帝的幸福结合",这一思想就曾影响了中世纪的神秘主义学派。

奥古斯丁的百科全书对中世纪的思想家有特殊的价值,他们可以从他的书中系统地汲取各种材料。奥古斯丁在理论上论证并在实践上热心地维护天主教。他用哲学解释基督教教义,使哲学与宗教结合,用柏拉图的理念论和灵魂不死等理论解释《圣经》,并且有所发挥和创造,为基督教奠定

青少年必知的西学经典

了理论根据,使其具有了存在的意义。他所创立的基督教哲学,成为中世纪的基督教教义的重要组成部分,是经院哲学所依据的权威之一。这位非洲的主教对一切异端进行压制,顽强地建立了天主教会的大厦。而其《忏悔录》,无论是从它自身总的创作而言,或是从整个西方基督教神学的发展来看,都具有极其重要的价值。这本书又被列入文学经典行列,成为忏悔文学的源头,后来著名的卢梭《忏悔录》和托尔斯泰《忏悔录》,皆发源于此。

旷世杰作 KUANGSHI JIEZUO

《忏悔录》原名"Confessions",古典拉丁文本作"承认、认罪"解,但在教会文学中,转为承认神的伟大,有歌颂的意义。奥氏本来着重后一意义,即叙述一生所蒙受天主的恩泽,发出对天主的歌颂,但后人一般都注重了第一义,因此我国过去都称此书为"忏悔录",在欧洲"忏悔录"则成为自传的另一名称。

本书共13卷,根据内容可分为两部分:卷一至卷九,是记述他出生至33岁母亲病逝的一段历史;卷十至卷十三,写出作者著述此书时的情况(对于《忏悔录》的成书年代,据学者考证,应在400年左右,在奥氏升任主教之后,即395年或396年至401年之间)。

第一部分:卷一、卷二叙述他的幼年及童年,忆及童年时代他所喜爱的一些恶作剧的游戏,所喜爱的下流读物,和对师长及父母常常表现出的反抗态度。这一切,据作者自述,都使他看出人性上的败坏。卷三写作者在迦太基的学生时代。这期间他开始对西色柔的文学作品发生兴趣,常进出于戏院和娱乐场所,同时也开始接触摩尼教派的人。在往后十年间,摩尼教成为他的宗教信仰,把他和大公教会的信仰隔离了。卷四写作者已经完成学业,初次在本乡塔迦斯特城担任教书职务。这时他有了一个情妇,二人同居,并生养一个儿子,这个关系一直继续到他悔改归主之前才结束。同时他的一位最亲密的朋友去世,他体验了从来未曾体验过的悲痛。从上面这两件事他感悟到人爱慕相对的善,如情爱或友谊等,往往超过爱慕那绝对的善——上帝永恒的爱。

卷五的下半部写他往罗马去的经过:他如何瞒着母亲上船,使母亲站在沙滩上望着大海悲泣;到罗马后他又如何害了重病,几乎带着一身罪债死去。卷六、卷七写作者在罗马及米兰两地的情形。这时候他的母亲莫尼加已跟踪到米兰,和他住在一起。他在米兰仍旧以教授修辞学为业,也开始研究新柏拉图主义的学说,对这一学派的思想方法颇有心得。不久他认识了米兰主教安布罗西乌斯,非常钦佩他的品德及学问,所以常去听他讲道。这是他接近大公教会的第一步。至于他在这一时期的生活习惯和从前并没有什么差别,慈母的眼泪、规劝和祷告虽常常击打着他的良心,然而俗世逸乐及一切诱惑却仍然牢牢地支配着他的生活,他内心的苦闷彷徨似乎一天比一天严重。卷八是《忏悔录》全书最重要的一卷,因为这里记载着作者悔改归主的经过。在极度放荡淫逸之后，奥古斯丁终于又回到上帝的怀抱，成为一个虔诚的基督教徒，这一转变是在花园里发生的，被称为"花园里的一天"。卷九作者用一大部分篇幅写他母亲的生平。后世之所以能够认识莫尼加，知道她是历史上最伟大母亲之一，全是靠奥古斯丁在这一卷中那深刻动人的描写。事实上奥古斯丁的自传到第九卷莫尼加死后已经结束。

第二部分：第十至十三这四卷中，奥古斯丁不再写个人的事迹，却用全部篇幅讨论哲学和神学问题。卷十分析他著书时的思想情况。卷十一至十三，则诠释《旧约·创世纪》第一章，瞻仰天主六日创世的工程，并在歌颂天主中结束全书。有人因此批评奥古斯丁行文突然转换方向，从全书结构上说，未免不够严密。其实奥古斯丁从开始就无意把《忏悔录》当做一部个人自传，他的目的是在追寻自己思想上、信仰上每一次改变的痕迹。到了他悔改归主，加入大公教会，他知道他的信仰已坚如磐石，也就是已经到达了他所追求的终点。从此以后，从第十卷开始，他愿意把他的信仰编织为一个神学系统，贡献给当代及后世教会。

在《忏悔录》中，奥氏不仅流露出真挚的情感，而且对自己的行动和思想作了非常深刻的分析，文笔细腻生动，别具风格，成为晚期拉丁文学中的代表作，《忏悔录》因此被列为古代西方文学名著之一。在中古时代，由于欧洲印刷术尚未发明，所以本书传抄极多，至1926年法国拉布利奥勒教授再次根据维也纳本，参考了18种7世纪至11世纪的古抄本和四种印本校订，出版了合校本，将其收入至《法兰西大学丛书》中，成为最完美的本子。

经典导读

《忏悔录》：神学与哲学的混血儿

奥古斯丁是古罗马帝国末期神学的最高权威，他通过丰富的著述，全面地阐述了基督教的基本信条，并从多个方面对基督教教义进行了论证，从而建立了一个被后人称之为奥古斯丁主义的神学理论体系。如果说《上帝之都》标志着他的神学唯心主义大厦的建成，那么，这座大厦的蓝图和奠基石便是《忏悔录》了。读完《忏悔录》，人们不禁会留下这样深刻的印象，即作者具有鲜明的个性。奥古斯丁把理智的沉思与情感的翻涌、个人的忏悔与对上帝的歌颂、华美的文笔与神秘的哲理熔于一炉，这在哲学典籍中实属罕见。奥古斯丁的《忏悔录》既有明显的时代特征，又有独特的见解和风格，它无疑应在人类思想史中占有一席之地。

首先需要指出的是，奥古斯丁在这本书中完成了古罗马时期早已开始的哲学与神学的合流，创立了基督教哲学。他运用新柏拉图主义来论证基督教，把唯心主义的理论和方法渗透到"三位一体"、"上帝创世"、"人类原罪救赎"等基本信条中去，构成了一个神学与哲学合二为一的思想体系。他把理性思辨纳入基督教的轨道，通过

青少年必知的西学经典

被造物来认识造物主，坚持理性要服从信仰并为信仰服务。这样，奥古斯丁的哲学思想就为后来中世纪的经院哲学提供了基本原则。

其次，奥古斯丁在这本书中摒弃了把物质看成是本原的唯物主义观点，强调精神的至上性，把精神与物质的对立推到极点，从而断然认定物质在本质上是虚无，是上帝从虚无中创造出来的并始终受上帝的支配，精神决定物质，精神高于物质等等，这些哲学思想是人类理论思维发展到一定社会历史阶段的必然产物。从这个意义上说，奥古斯丁哲学既是古希腊罗马哲学的终点，又是中世纪哲学的先声。

最后，作为一个哲学家，奥古斯丁在理论思维方面有很多值得我们吸取和借鉴的地方。他学识渊博、才思敏捷、勤于思考，提出了一些既新颖又独创的很有学术价值的见解。但是，这些见解，却没有得到正确的发挥。神学教条窒息了奥古斯丁的积极的理性思维，我们从《忏悔录》一书中可以明显地感受到这一思维教训。

由于奥古斯丁哲学兼有基督教神学和较深刻的哲学思辨两个方面，当近代资产阶级哲学兴起时，一些有革新精神的哲学家仍受其影响。奥古斯丁哲学思想的出发点是上帝，但中心问题和落脚点是人类的救赎之道，即如何摆脱现实的苦难，求得真正的幸福。只要现实世界中还存在着种种不幸，只要人们还不能完全掌握自己的命运，那就肯定会有信仰主义的市场。奥古斯丁思辨过的一些老问题总会以这样或那样的形式提出来。现在西方哲学中许多宗教哲学流派的存在和发展就是明显的例证。

奥古斯丁主义和《忏悔录》一书在西方产生了广泛深远的影响。这首先是由于基督教在中世纪占有"万流归宗"的特殊地位。从公元5世纪起，以奥古斯丁主义为代表的神学统治了欧洲思想界，直到13世纪托马斯·阿奎那用亚里士多德学说来改造经院哲学，奥古斯丁主义的影响才退居到第二位。即便如此，奥古斯丁仍未失去其权威地位，就连托马斯本人也时常在自己的著作中把他的论断作为权威意见来引证。在15、16世纪宗教改革运动中，奥古斯丁主义又有复兴之势。直到现在，奥古斯丁仍被基督教会尊崇为自己的权威。（应大白）

❀ 理解，是为了更虔诚的信仰

《忏悔录》约写成于公元397年至401年间，即奥古斯丁就任主教之后不久。此书并不是他的自传，而是他一生中后期的哲学思想录。其中有丰富的思想，但并不是系统逻辑地构成一个体系，并且又在很大程度上与他的宗教思想和宗教经验结合在一起。因此，后代读者各自从不同的角度看待它、评价它。就内容说，《忏悔录》前半部是对生平重大事件的回顾，后半部是一些重要的思想片断，反映了奥古斯丁自称他一生所追求的"认识上帝、认识自我"，实际是在基督教形式下探求客观世界、主观世界及其相互关系。值得注意的是，《忏悔录》这部书反映了1500年前，奥古斯丁在他的时代思想背景下提出了哪些问题，他是怎样进行思想探索的：

首先，是对世界的总的认识和态度。摩尼教认为宇宙间有两个对立的原则：光明与黑暗、上帝与物质。物质世界、肉体生活都是黑暗的。早期基督教会内也有很多人认为物质世界的一切都是属于罪恶的，主张远离世俗。奥古斯丁则从他的基督教信仰出发，坚持宇宙一元论，认为神"从空虚中创造了近乎空虚的、未具形象的物质，又用这物质创造了世界，创造了我们人的子孙们所赞叹的千奇万妙"。对于世界，奥古斯丁不是把它与基督教信仰中的神对立起来，而是说："这是天主以及天主所创造的万物，天主是美善的……美善的天主创造美善的事物，天主包容、充塞着受造之物。"始终坚持对现实世界的肯定，这是奥古斯丁的一个基本思想。

其次，探讨"神究竟是什么？""我究竟是什么？"本来基督教继承犹太教传统，对所信仰的神是只许信不许问的，甚至连神的名字都不能提及，而奥古斯丁在《忏悔录》第一卷便问："我的

《忏悔录》英文版封面

天主，你究竟是什么？""你对我算什么？"而且承认无法回答："即便谈得滔滔不绝，还和未说一样。"在奥古斯丁之前的教父著作中，一切以神和救世主基督为中心，人的问题即便提及，也是抱着否定态度。奥古斯丁对救世主基督并非不重视，却问："我究竟是什么？我的本性究竟是怎样的？真是一个变化多端、形形色色、浩无涯际的生命！""在一个注定死亡的活人身上……生命的力量真是多么伟大！"他对自己所肯定的最基本的信仰和事实，还要问个究竟。

再次，有限的"我"怎样寻求无限的"神"？传统的基督教神学历来认为，人无法认识神，只能由神自己向人"启示"。奥古斯丁在《忏悔录》卷十则从感觉经验开始，进而对感觉经验加以论述、整理、贮存，纳入深邃的记忆之中。至于人的感觉经验如何能够靠智能抽象为概念，奥古斯丁把它归之于神的光照，从而把客观经验归入人的内心自我，在内心中去与神际遇。这样还不算完成，他又把全部历史和人的经验归入神创世的"奥秘"，由此，在《忏悔录》卷十一提出有关"时间"的一个著名问题："时间究竟是什么？没有人问我，我倒清楚；有人问我，我想说明，便茫然不解了。"奥古斯丁不可能懂得时间是物质运动的形式，在他的时代，他只认识到"我知道，如果没有过去的事物，则没有过去的时间"。而且承认："我是在探索，我并不作肯定。"从对时间的思考，奥古斯丁又进一步在卷十二思索事物的变化："我注视物体本身，并深一层探究物体的可

变性。由于这可变性,物体从过去的那样,成为现在的这样。我猜测到物体从这一种未具形象的过程,不是通过绝对的空虚,而是通过某一种未具形象的原质……但这可变性究竟是什么?是精神还是物质,抑或是精神或物质的一种状态?"奥古斯丁并没有就此继续探寻下去,而是跳到了对"神"的讨论:"确无可疑的是:在我们的意识中,一切可变的东西,是具有形象方面的某种欠缺的,因此能改变形象。确无可疑的是:凡与不变的形象紧密结合的,便不受时间的影响……未具形象的物质,近乎空虚,也不能有时间的变迁。"而这未具形象的原质就是神在太初所创造的。奥古斯丁认为这样便由人达到了神,达到了真理。

最后,提出道德的核心是认识自己。把道德与认识自己结合,这是奥古斯丁所称"基督教苏格拉底主义"的中心思想。对于认识自己,奥古斯丁从基督教信仰出发,通过对自己前半生的解剖表明这就是认自己的罪。奥古斯丁在《忏悔录》中把前半生的放荡生活给他所带来的精神痛苦形容为"沉重的私欲拉我们堕入幽阴的深渊","我沉入了海底",质问自己:"你为何脱离了正路而跟随肉体?你应改变方向,使肉体跟随你。"在这个思想斗争中,很自然要联系到对善恶的思索。奥古斯丁在形而上学的范围内,把道德论与本体论联系起来说:"我已清楚地看出:一切可以朽坏的东西都是善的……也唯有善的东西才能朽坏……如果没有丝毫善的成分,便也没有可以朽坏之处。""至于恶,我所追求其来源的恶,并不是实体。"在主观的道德实践方面,奥古斯丁强调意志的作用:"有一点能略略提高我,使我接近你的光明,便是我意识到我有意志,犹如意识到我有生活一样……我确知愿或不愿的是我自己,不是另一人;我也日益看出这是我犯罪的原因。"因此行善或作恶、向上或堕落,在于个人意志。这一切虽是唯心的思辨,但在古代世界,各种宗教盛行的情况下,当时各种流行宗教或是只重仪式,不问信徒生活善恶,或是把物质世界与罪恶等同起来,或以本宗教标准评定善恶,对比之下,就可看到奥古斯丁的道德哲学,无论是理论或对信徒生活实践,都含有较多的积极意义。(赵复三)

D 大师传奇 DASHI CHUANQI

奥古斯丁于354年11月13日生于北非的塔迦斯特城,父名巴特利西乌斯,是本城的一个普通市民,母名莫尼加,信奉基督教,奥古斯丁幼年在本城读书,以后先后至马都拉(即今阿尔及利亚的末达乌路赫)和迦太基攻读文法和雄辩术(当时罗马教育分三级制,启蒙小学是识字和书算;12岁至16岁入文法学校,读文法、诗、文、历史;16岁至20岁入雄辩术学校,读修辞和哲学)。这是他第一次来到大城市,大城市的放荡生活和从东方传入的别样的宗教仪式,吸引了刚步入青年期的奥古斯丁。在19岁时,奥古斯丁开始了人生的第一次思想转变,开始爱好哲学。当他进一步思考善恶问题时,认为基督教不能给他解释,因而皈依了摩尼教。毕业后，先在本城执教，后至迦太基任雄辩术教授八年。因不满迦太基的学风，便渡海至罗马，希望凭他的修辞学家本事，能在帝国首都飞黄腾达。在罗马，他又开办了一所修辞学校。罗马的学生，在课堂上虽不调皮，却往往听课到需要交费时便换到其他学校去了，使靠教学为生的奥古斯丁难以维持。他在罗马只住了一年。尽管此时奥氏皈依了摩尼教，但却仍然对它不满意，在这种苦闷的心情中，经罗马市政长官介绍，离开罗马前往米兰担任修辞学教师。当时的米兰虽不是帝国都城，重要性却在都城之上。

在米兰，奥古斯丁受该城基督教教主安布罗西乌斯的影响，正式脱离了摩尼教，同时逐渐和基督教接近。在听过一位同乡客人的故事后，经过一次剧烈的思想斗争，终于决定信奉基督教，便辞去教职，预备献身教会。随后，奥古斯丁又从两个基督徒那里听到一位新柏拉图哲学信奉者如何转而信奉基督教，以及3世纪中叶的埃及基督徒安东尼怎样在沙漠中苦修的故事，经过激烈的思想斗争，最后，决心弃恶从善，重新做人。这个从思想到内心的彻底转变是长期思想酝酿、苦闷、探索的结果，它既是思想认识的转变，又是生活道路的转变。这是公元386年的夏天，奥古斯丁31岁。自16岁开始，前后经历了15个春秋，这段曲折的精神历程，深深印在奥古斯丁心中。十余年后，在43至47岁间，他回顾自己前半生走过的道路，加以解剖，这构成了他的名著《忏悔录》的

前八卷。

次年，奥古斯丁在米兰领受了洗礼，怀着新生的喜悦，准备同母亲启程回乡，至奥斯蒂亚，母亲因热病去世，因此延迟一年回至非洲。奥古斯丁后来回忆，在母亲病倒前几天，母子两人凭窗远眺，促膝长谈。母亲鼓励他："忘记背后，努力向前。"奥古斯丁告诉母亲，自己已彻底醒悟，不会重蹈覆辙。母亲为儿子的新生感到喜悦，觉得自己一生别无所求，可以安心地走了。

在希波（今阿尔及利亚的彭城），奥古斯丁被升为神甫，后来该城主教病卒，奥古斯丁便受任为希波主教。从此开始他在教会中的一系列活动，与教会内部的各宗派展开剧烈的论战，成为当时基督教学术界的中心人物。公元425年，也就是奥古斯丁去世前五年，他完成了《上帝之都》的创作，这时，阿拉里克的"亵渎行为"已被遗忘，可是西罗马帝国也已穷途末路。在余下的四个世纪中，那些不得不经历帝国消亡与西欧"蛮族化"的基督徒，首先就是从奥古斯丁的著作中汲取思想。《上帝之都》彻底断绝了教会与垂死的罗马帝国之间的历史关联。既然基督徒的真正使命在于寻求得救，而唯一可以确信的便是《上帝之都》最终的决定性胜利，那么，一切历史性的灾难就没有任何精神意义了。430年8月28日，在希波城被围的第三个月，奥古斯丁病逝。

在奥古斯丁的神学体系中，我们可以看到他的性格、他的心路历程打下的深深烙印。正如我们将会看到

青少年必知的西学经典

的，虽然他拒斥摩尼教，但他对人的"邪恶本性"还是保留了一种唯物主义的观点，认为它是由原罪造成的，是随着形而传播下来的。而新柏拉图主义对他也具有决定性的影响。奥古斯丁认为，人是"一个为肉体所俘获的灵魂"。当奥古斯丁以一个基督徒的身份说话时，总是不忘提及人是灵魂与肉体的统一，而在哲学上他总是坚持柏拉图的定义。正是他感情丰富的性格，他坚持不懈地与情欲作斗争却总是大败而归，促使他更加赞美神恩，更加坚定了他的预定论观念。

奥古斯丁最终放弃了沉思的生活，担负起神父和主教的一切责任，在一个信徒团体中过着虔诚的生活。奥古斯丁比任何一位大神学家更加强调把救赎与教会生活等同起来。正因如此，直到他生命的最后日子，他还在为维护教会的统一而努力。对奥古斯丁来说，最大的罪恶莫过于裂教。他毫不犹豫地说，自己相信福音书是因为

教会命令他去相信。

"精神与肉体相结合的方式乃是人所不能理解的，然而这就正是人生"，跨过了漫长的欧洲中世纪，17世纪最卓越的科学家之一，法国的帕斯卡尔在沉思中还继续咀嚼奥古斯丁提出的问题，感到："人对于自己，就是自然界中最奇妙的对象；因为他不能思议什么是肉体，更不能思议什么是精神，而最为不能思议的则莫过于一个肉体居然能和一个精神结合在一起，这就是他那困难的极峰，然而这就是他自身的生存。"奥古斯丁已经去世15个世纪了，但他提出的这样一些问题，直到现在，还在西方哲学的星空回荡着。

奥古斯丁写了许多著作，都是用拉丁文写成的。其中最有名的只有四部，即《忏悔录》、《上帝之都》、《反学园派》、《论意志自由》。《上帝之都》是其仅次于《忏悔录》的另一部重要神学著作，在《上帝之都》中，奥古斯丁阐发了他的历史理论，他把上帝和魔鬼的斗争诠释为每个人之间的一场斗争，他在历史层面上也看到了同样的斗争：上帝之都和尘世之都之间的对立，就好像每个个体生活都是拯救和原罪之间的斗争一样，历史也是一场良好国家和邪恶国家之间的斗争，从而构建起了他的两个"都城"学说，即"上帝之都"与"尘世之都"。

奥古斯丁

YANSHEN YUEDU 延伸阅读

除了奥古斯丁的《忏悔录》外，还有两位著名人物也写了各自的《忏悔

青少年必知的哲学经典 QINGSHAONIAN BIZHI DE XIXUE JINGDIAN

录》，即法国的让·雅克·卢梭和俄国的列夫·托尔斯泰。

卢梭的《忏悔录》是他"不论善和恶"都坦诚写出来的自传，也是一部别具特色、至今仍有广大读者的文学名著。全书从作者出生一直写到1765年流亡到圣皮埃尔岛为止。它名为"忏悔"，实为对社会的"控诉"。在进行社会抗议的同时，作者在《忏悔录》中又严厉审视自我，他坦诚披露自己因人性被扭曲而产生的诸多丑行，但是作者并未因此产生自卑的情绪，反而在书中骄傲地赞颂了自己个性的形成和发展。

列夫·托尔斯泰的《忏悔录》，又名《未出版文集的序言》，收于《列夫·托尔斯泰文集》的政论编中，其书完整而详细地叙述了他的一生，因此我们可以把他的《忏悔录》当做他的自传来读。与此同时，我们又可以把他的《忏悔录》作为他一生的思想发展史来读。列夫·托尔斯泰的《忏悔录》为我们提供了一个走进大师灵魂深处的窗口，是理解、研究托尔斯泰的必读书目之一。

君 主 论

马基雅维利　Machiavelli(意大利　1469年－1527年)

马基雅维利在《君主论》中第一个将道德问题和政治问题完全分开，对政治问题加以独立论述，对法律、军队及君主的治国之术加以较全面的分析和研究，从而奠定了近代西方政治学的基本原则，扭转了政治思想的发展方向。

——《简明西方哲学史》

文艺复兴时期，正是西欧各民族国家形成的时期，但是唯独意大利在教廷和外国列强的干预下四分五裂，这种状况严重阻碍了这个民族的发展。建立一个统一的、强大的中央集权制国家，成为意大利有识之士的共同呼声。早在14世纪初，但丁就曾提出为了人类的幸福，必须使世俗政权摆脱教会的干涉，建立统一的君主国。而更加完整地、系统地论述这一要求的，是马基雅维利。

马基雅维利以他的《君主论》一举成名，享誉后世。此书颇具传奇色彩，在人类思想史上，还从来没有哪部书像它这样，一方面受着无情的诋毁和禁忌，另一方面却获得了空前的声誉。它作为第一部政治禁书而被世人瞩目，是有史以来，对政治斗争技巧和为君之道的最独到、最精辟的"验尸"报告，许多君王也都将它视为宝典，成为历代君主和统治者的案头书，也成了后世一切统治阶级巩固其统治的治国原则。

欧洲的若干学者都相信，千百年来，《君主论》是人类写过的三部具有永恒价值的处世智慧奇书之一。据说，法王亨利四世被杀时，人们发现他贴身带的，竟然是一部染血的《君主论》；路易十四，这位赫赫有名的法国君主，每晚必温习此书，他说，不读此书不能高枕而眠；拿破仑对《君主论》百读不厌，胜利的联军在清扫滑铁卢战场时，从缴获的拿破仑的御车中，发现了一本他写满批注的《君主论》；在希特勒的卧室中，桌上床边总放着《君主论》，他说，他时常研读此书，从中汲取力量；至于马基雅维利的同乡墨索里尼，则更是对此书推崇备至。他说

"《君主论》是政治家的最高指南，至今仍有生命力。"他常说，我第一敬佩的就是马基雅维利，并把自己看成是马基雅维利笔下的那个统一意大利的理想人物。在他进军罗马夺取政权之时，也就是马基雅维利去世400年之后，意大利隆重重印《君主论》，举行盛大仪式，拜献于墨索里尼之手。可以说，现代政治首脑无不是从《君主论》中汲取治世的精髓。即使不当众承认，也在密室中聆听马基雅维利的教诲。直至20世纪80年代，西方舆论仍把《君主论》列为影响人类历史的10部著作之一，把它和《圣经》、《资本论》摆在一起。

旷世杰作 KUANGSHI JIEZUO

今天，我们的世界仍然笼罩在一个500多年前的佛罗伦萨人的阴影之下。他是第一个，也是最为详尽地把冷冰冰的政治思维介绍给我们这个世界的人。他的名字是尼古拉·马基雅维利。

历史上有为数不少的思想家，他们的思想超前于他们所处的时代，但是像马基雅维利这样在身后几百年里声名不坠的却并不是很多。有些人认为，马基雅维利的名声来自于他摧毁了基督教的道德体制，而用对强权的崇拜来取代对于基督的崇拜。这种观点自有其道理，但是未免失之偏颇。马基雅维利不仅在对于政治道德的认识上超出了他的时代，在其他方面也同样如此。

《君主论》能够在后来的西方历史里一直被人重视，其原因也就在此。在这本书里，马基雅维利写下了权力语言的语法规则——这些规则不仅仅在16世纪引起了共鸣，而且在历史的长廊里一直回响，直到如今。从他对于历史和现实的洞见来看，他固然是伟大的，但是还不止于此，他还为在政治舞台上活动的人们——不管是统治者还是被统治者，不管政府的体制如何变化，不管喊出的口号有多么响亮动听——确立了一切行为背后的动机。当我们意识到这一点的时候，我们才算是真正把握住了马基雅维利的伟大之处。

《君主论》的内容主要有三部分。前面几章为第一部分探讨了君主国的种类、获得方法以及如何保有和进行统治的问题。在这里，作者告诉人们君主国不是世袭的就是新的，而它们是依靠武力、幸运或能力获得的。随后作者对各种情况进行了逐一分析。他指出了不同的君主国、通过不同方法获得的君主国自身的特点，并针对这些特点向君主和统治者提供了相应的统治方法：世袭的君主国的人们已经习惯了受君主统治，基本上没有革新的思想和动力，因此在这种君主国中，君主只要不触犯原有的祖宗之法，遇到意外时随机应变就够了；而混合君主国的情况较复杂，这就要求君主针对不同情况，或者灭绝旧君血统却保持当地原有法律、赋税等，或者亲自驻扎以及在要害之地殖民。依靠自己的武力和能力取得的君主，取得时困难，保有时则容易；相反，依靠他人的武力和能力取得的君主国，取得时容易,保有时就难了。

第二部分作者论述了关于军队的问题,关于进攻和防守之道。作者阐述了军队的种类,以及雇佣军、援军、混合军和本国军等各种军队的特点,最终得出结论,君主必须建设和依靠本国的强大军事力量,君主本人也要精通这门专业,"永远不要让自己的思考离开军事训练的问题"。马基雅维利谆谆告诫君主雇佣军和援军是不可靠的:因为雇佣军的懒散怯懦无法保护本国或攻击别国,而其首领不论是平庸还是能干的,都有其害处;援军不论胜败,都不会给本国带来什么好处,它的危险甚至比雇佣军"多得多";混合军也会产生依赖性,只有"臣民、市民或属民"组成的本国军队才是最值得信赖的。

最后一部分是关于君主应该怎么做的,这是作者从历史和生活实践出发得出的最大胆创新的理论。也正是这一部分让马基雅维利及其著作不仅遭到了他所预见的强烈反对,更是受到了他没有预见到的几百年的更多的口诛笔伐。作者讨论了君主应该是残酷还是仁慈;应该被爱戴还是被畏惧;应该如何守信,如何避免受到蔑视和憎恨;应该如何对待下属和遴选良臣等问题。最终马基雅维利得出了理想的君主:他应该是"狐狸"和"狮子"的统一,但要表面上装作具有美德,装成一个伟大的"假好人",他还应该讨好人民,选拔良臣,听取忠言。而最重要的是,他面对环境具有灵活性。

《君主论》毫无保留地选择了以现实为出发点,马基雅维利在字里行间

毫不掩饰他对于那些温和的改良主义者和理想主义者的鄙夷和不屑——赤裸裸的现实使它自面世之日起就一直备受争议。其实我们每个人的身体里都流动着两种血脉:一种要求我们维持高尚的道德标准,行事要合乎规范;另一种则要求我们凡事以利益为先,在现实的各种限制下便宜行事。对于人性这种矛盾的探讨可以一直上诉到阿里斯托芬:他毫不留情地打碎当时人们的梦想,让他们清楚地认识到,人类能力的底线到底在哪里。自他以后,一代又一代的人们因此而分为两类:一类人充满热情地追求理想;一类人苦苦思索,探索现实世界的来龙去脉。正是后一类人的思索为《君主论》打下了基础。并且,只要人们对于政治的思考必须要以现实为基础,《君主论》的深度和风范就永远不会褪色。

经典导读

镜子里的世界

马基雅维利生活的年代是文艺复兴早期,当时的人们通过种种途径,重新发掘出了众多古希腊和古罗马的典籍,并且如饥似渴地阅读它们。马基雅维利在赋闲的14年里遍览群书,并将这些前人的智慧和他自己的亲身经历相结合,形成了他自己对于历史和政治的洞见。正当马基雅维利在自己的书斋里静心写作时,外面的世界正处于动荡不安之中。罗马教廷产生了一位新教皇——乔凡尼·美第奇,也

就是利奥十世。这位新任教皇打算在意大利境内分出一块土地来，让他的侄儿洛伦佐来统治。对于马基雅维利来说，这样一位新出现的君主无疑具有极大的吸引力：如果他可以赢得洛伦佐的好感，也许他就可以离开自己的庄园，重新回到政坛上。在此之前，马基雅维利曾写过一部鸿篇巨制：《论李维〈罗马史〉前十卷》（以下简称《史论》）。但是《史论》的篇幅实在过于庞大，另外，它的内容过于枝蔓，不适合作为进献之用。马基雅维利于是把《史论》中的一些章节和思想拿出来，将它们改写成短篇论文的体裁，最后将这本书命名为《君主论》，这是公元1513年的事情，全书的编写总共只花了几个月的时间。马基雅维利把这本书题献给洛伦佐·美第奇，并且送了一本给他，不过洛伦佐对这本书根本就不屑一顾，并且很快就把它忘了。然而《君主论》很快就被人们以手抄本的形式私下里广为传播，其名声甚至在马基雅维利在世时就已经很响亮了——只不过是不公开的。而在马基

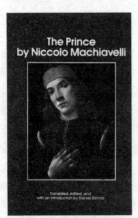

《君主论》英文版封面

雅维利去世以后，这本书则更被认为是彻底改变西方世界的著作之一。

然而贯穿全书的理性精神却绝不是可以用"平凡"二字来概括的。马基雅维利的这本书完成了一场革命：思考政治问题的方法学革命。在他以前的众多人文主义者在讨论君主如何统治这个问题的时候，不是流于学究气就是理想化，他们思考的出发点往往不外乎是玄学和神学。然而这些都被马基雅维利抛到了一边。他的全部论述都以政治上的现实主义作为出发点——而这个出发点，正是在他同时代的政论中所未曾提及的。

没有在政论中出现，并不表示当时的人们对此一无所知——事实上，马基雅维利所表达的现实主义精神，正是当时的政治行为和社会风气的标志。我们可以看看取自《君主论》中最著名的第18章"君主应该以何种方式忠于诺言"的一些片断。他写道，希腊神话中阿基里斯的老师喀戎是一个半人马，这件事告诉我们："人的本质是半人半兽的。""因此君主必须知道如何以野兽的方式行事。在这样做的时候，他必须同时具有狮子和狐狸的长处，因为狮子无法识破陷阱，而狐狸却无力抵御狼群。""一个君主如果认为守诺对他的利益会造成损害，那么他就不应该守诺；如果让他必须守诺的约束条件都已经不存在的话，那他也不必守诺。""因此，一个君主并不是非要具有上述的品质不可。但是，一定要做出他具有这些品质的样子——这才是至关重要的。"当马基雅维利写下这些句子的时候，他并没有创造出任

何新的社会风尚。他其实只是忠实地描述了15世纪末到16世纪初，在佛罗伦萨乃至整个意大利的社会风尚。他以传统的人文主义者惯用的体例写作，但是却以彻底的现实主义政治思想贯穿始终。尽管当时的人们无一例外，都在按照这种现实主义思想行事，但是在马基雅维利之前，却没有任何人系统地将这种政治思想表达出来。

马基雅维利以极大的勇气，以一己之力对抗传统的人文主义者在他们的文章中所表达出来的理想化的成见。他的洞见使他得以将"人应该怎样"和"人是怎样的"这两个问题清楚地分开——这也就宣告了存在于理想中的"完美"的制度和受限于种种现状的"现实"的制度完全是两回事。（施瑞德）

小书大作

1513年，马基雅维利从美第奇家族的监狱获释后，回到了他父亲留下的佛罗伦萨城外的一小块薄产上。在那里，为了深入探究和思考他过去的丰富经历并取得成果，也为了能博得美第奇家族的赏识，重返政坛，马基雅维利完成了他的"小书"——《君主论》。

马基雅维利被马克思称为"政治家、历史学家、诗人，同时又是一个值得一提的近代军事著作家"。在他的《君主论》中，渗透着强烈的现实主义精神。他清楚地知道"人们实际上怎样生活同人们应当怎样生活，其距离是如此之大，以致一个人要是为了应

该怎么办而把实际上是怎么回事置诸脑后，那么他不但不能保存自己，反而会导致自我毁灭。"由此出发，马基雅维利使政治理论摆脱神学和道德观念的束缚，把权力作为政治的基础，把政治科学的研究建立在对人和人的经验的考察上，从而为近代资产阶级政治学奠定了理论基础。

马基雅维利总结了历代政治斗争的经验教训，在此基础上提炼升华，上升为某种政治理论体系，为统治者进行统治提供借鉴。他的这部名著《君主论》就是为当时佛罗伦萨的统治者美第奇家族撰写的。在马基雅维利看来，发生在过去、现在和将来的事件具有某种相似性，相似性的基础就是人的不变的本性。他对人性的数落比蒙台涅还尖刻，在《君主论》中，他说，人是"忘恩负义、容易变心的，是伪装者、冒牌货，是逃避危难、追逐利益的"。因此，作为一个统治者，就必须学会利用人性的弱点，用强权来实行统治。他认为，统治一个国家的根本就是法律和军队。只有法律才能够约束国民，只有在法律的强迫下人们才能行善。但是，没有强大的实力做后盾，法律本身是软弱无力的。"没有良好的军队，那里就不可能有良好的法律，同时如果那里有良好的军队，那里就一定会有良好的法律。"因此，马基雅维利非常重视军队在国家中的地位，他甚至认为军事是君主们的唯一专业。也许我们会觉得马基雅维利对于人性的判断过于消极，也许我们会认为马基雅维利在处理社会关系上过于冷酷，也许我们会因此而指责他，但是，

我们的指责是不是因为马基雅维利揭掉了我们套在政治身上的美丽花环？是不是因为他直截了当地道出了我们正在想着做着却不敢说的事情？在指责之余，我们是否能够真正用心去了解马基雅维利所处的那个弱肉强食的动乱时代背景和马基雅维利的政治生涯？《君主论》是那个时代的产物，在这本书里留下太多的时代和个人的印记，而在这一切背后，隐藏着马基雅维利那颗渴望统一祖国的赤子之心。

统治国家的另一个重要因素就是统治者本人的政治素质。马基雅维利在《君主论》中提出，对一个统治者来说，最重要的不是具有各种美德，而是保持自己的地位和国家的安全。一个君主由于具有美德被人赞称固然是好事，但在必要的时候，他完全可以不择手段地实现自己的目的。对君主来说，吝啬比慷慨更有利；让人恐惧比受人爱戴更有利，必要时甚至还可以行使诡计、言而无信。一个聪明的君主应该猛如狮子，狡猾如狐狸。他必须显得具有美德，但又千万别拘泥于道德。不必用常人的道德来约束君主，政治没有道德。他在《君主论》中还反复奉劝君主们，要主动出击，不要听任命运的安排，而应该运用自己的意志，运用实力和技术制服命运。他承认，命运女神的力量是相当大的，她至少是我们半个行动的主宰。但是别忘了，"其余一半或者几乎一半归我们支配"。人们只有采取积极的措施，学会与命运密切合作，安抚它，制服它，才能取得成功。

马基雅维利从人的观点来观察社会历史和政治斗争，第一次把政治问题看做是纯粹的权力问题。的确，在当时那种腐败的社会里，除了用权力来抗衡权力，用欺诈来对付欺诈外，别无其他途径来谋求生存。他的非道德主义的权术理论在客观上起到了揭露封建阶级伪善面目的作用。历史上的政治学理论大体上有两种类型，一种是常说而不做的，另一种是常做而不说的。马基雅维利的学说大致属于后一种，这种为达到目的而不择手段、以目的来证明手段的正确的理论，后来被称之为政治非道德论或马基雅维利主义，而且通常是贬义的，受到很多人的谴责。其实，马基雅维利所指的这种政治只是现实政治的总结，而不是理想的政治。他承认，理想的政治的确应当是恪守道德的，但这只是一种"应当"而已，在现实政治中从来没有出现过这样的政治家，即便偶尔有这样的政治家，也是以失败告终。而且，政治非道德论并非是马基雅维利的发明，而是政治家早已发明出来的东西。如果说它是错误的话，那么政治家的错误也是先存在的，然后才有了这种错误的理论。所以，"错误的"不是马基雅维利，而是政治家们。政治非道德论本质上与马基雅维利无关，因为在他之前的政治并没有由于没有马基雅维利而清明，在他之后也没有因为有了他而变得更坏。这里需要注意的是，马基雅维利并没有鼓励君主们肆意作恶的意思，他一再强调，不能招致大多数人的怨恨，否则就会失去天下，他必须得到人民的爱戴和敬畏，同时也应当让贵族满意，这样他的政权才会稳固。而要如此,他就不可能肆意妄为,而必须尊重他的臣民。他所说的那些残酷的、虚伪的方法,只是在对付敌人时用的,是万不得已的时候用的。

马基雅维利的政治非道德论给我们一个重要启示:道德有它的适用范围,它的作用和有效性并不是无限的,道德是有条件的、具体的。一切道德依一定的条件才能够成立,一旦离开了这个条件它就要失去作用。也正是因为这一点,尽管他的这本书"揭开了新一页",他本人和他的著作可能还在同时代的人们中获得过高度的尊敬,但几百年来,他和他的著作却一直是备受指责,谤满天下。(佚 名)

《D 大师传奇
DASHI CHUANQI

关于马基雅维利早年的生活,我们所知很少。唯一可以肯定的就是他出生于一个没落的贵族家庭,父亲是一名贫寒的律师。尽管拮据的家境使得马基雅维利没能在幼年时系统地接受良好的教育,但是他一直以极大的毅力坚持自学。公元1494年,他开始在当时的佛罗伦萨共和国里担任公职。4年以后,这位29岁的年轻人就已经成为当时共和国的领导中心"十人委员会"的秘书,并且在这个职位上一直工作了14年之久。从他的书信和同时代人的评价来看,他不仅喜欢这个工作,而且做得相当不错。

他的才华很快又在另外一个方面得到了重用。在当时的意大利,城邦林立,军事和外交成为所有统治者最关心的问题,于是马基雅维利顺理成章地接受了大量外交任务,以使节的身份访问过几乎所有的城邦,拜会过亚平宁半岛上几乎全部的权贵。他的眼界因此得以从小小的佛罗伦萨拓展到整个意大利——甚至整个欧洲。

他的公职为他提供了研究政治的绝佳条件。他研究教皇尤里乌斯二世,研究瓦伦迪诺公爵波尔齐亚,特别以后者作为君主的典范。他不满足于描述政治行为,更加关心这些行为背后的动机和逻辑,这就使他迥异于当时津津乐道于用玄学和神学来阐述政治的其他学者。当他的同时代人对"政治"这架精密钟表还只是流连于欣赏和赞叹的时候,马基雅维利已经开始动手拆卸它,研究它运作的机理了。从他递交给佛罗伦萨政府的报告中,我们已经可以感受到他对外交和军事事务的深刻见地和冷静态度——正是这种冷静得近于冷酷的风格成为他后来著述的基调,也因此成为他被后世

马基雅维利

青少年必知的文学经典
QINGSHAONIAN BIZHI DE XIXUE JINGDIAN

诉病的一个重要原因。

如果不是后来的诸多变故，马基雅维利的一生也许就会一直在公职岗位上安安稳稳地度过：作为一个实权人物，他清楚地知道权力运作的机制，并且在自己的工作中将它运用得淋漓尽致。他会留下一卷一卷的外交报告，也许还有闲暇时写作的几段诗歌和短剧。然而历史却把他安排到了另外一条道路上。当时的意大利存在着教皇和法国这两股势力，佛罗伦萨共和国按照传统站在法国一边。然而在教皇尤里乌斯二世将法国人赶出意大利之后，佛罗伦萨共和国顿时失去了生存的支柱：教皇答应和佛罗伦萨谈判的条件就是解散共和国，让美第奇家族恢复统治。而作为一个积极的反美第奇分子，马基雅维利自然不能容于复辟后的佛罗伦萨。公元1512年，43岁的马基雅维利被解除了一切公职，彻底失业了。

马基雅维利试图和美第奇家族和解，然而他的一切努力都只是徒劳。更有甚者，当时两名狂热的共和派人士被逮捕时，身上带着一份名单，开列了他们认为会支持他们暴动的人名——这当中就有马基雅维利的名字。他于是被逮捕，并且被严刑拷问，但是因为没有确凿的证据，最后被无罪释放。于是他离开佛罗伦萨城，隐居在不远处的一个小农庄里。在那里他又生活了14年，直到1527年去世为止。在这14年里，马基雅维利不断写信给美第奇家族，写信给教皇，希望他们能够不计前嫌，让他回到政府里去。随着时间一年一年的过去，他的希望越来越渺茫。对他而言，生命的最后这14年无疑是黯淡而凄凉的。

然而颇有讽刺意味的是，正是这段时间让马基雅维利奠定了自己在历史上的地位。无所事事的生活让他感觉自己如同笼中之鸟，不得不以读书写作来打发时间。他的学识和阅历在这14年里结出了硕果：他的传世之作包括《君主论》、《论战争艺术》、《论李维〈罗马史〉前十卷》、《佛罗伦萨史》，还有大量的戏剧作品（其中最为著名的是喜剧《曼莎珠华》）、诗歌、传记等。他一生孜孜以求的公职没有为他带来什么，反而是他排遣寂寞的"副业"为他奠定了不朽的声名。

但是更为讽刺的是马基雅维利一生中最后一段小小的插曲。公元1527年，教皇军队被入侵的法国军队打得大败，连罗马城也被攻陷。受到这个消息的鼓舞，佛罗伦萨的人民推翻了美第奇家族，恢复了民主政府体制。马基雅维利听说以后，立刻准备动身前往佛罗伦萨，希望能够重任秘书一职——然而他的这个希望注定是要落空的。当时《君主论》已经以手抄本的形式在民间广为流传，使得他成为崇尚民主的人们的公敌：佛罗伦萨全民公决的结果以压倒性的多数禁止马基雅维利担任任何公职。幸运的是，这时候的马基雅维利已经身染重病，没有来得及听到这个坏消息就去世了。他带走了一个振兴佛罗伦萨乃至全意大利的梦想，只留下了几本在他被放逐期间写成的著作供后人凭吊。

历来对于马基雅维利的评论大多集中在他的《君主论》上，但是对于**《论李维〈罗马史〉前十卷》**（以下简称《史论》）却很少提及——毕竟，《君主论》实在太有名了。

《史论》，正如它的全名所显示的那样，是对于李维的《罗马史》前十卷所做的评论。正如《君主论》的初衷是为君之鉴一样，《史论》的目的是为国之鉴。它探讨了这样一个问题：一个健康而完善的国家，应该是什么样子的？当马基雅维利在论述罗马共和国内贵族与平民的矛盾，阐述公民大会为何要提出在元老院、执政官之外另设保民官的时候，他已经明确提出了权力分立制衡这个原则。从这个意义

上说，今天的西方民主国家，都可以看作对马基雅维利的一个注脚。

* * * *

法国的让波丹是 16 世纪宣扬君主专制的又一代表。他的主要著作是《论国家》。在此书中，他提出了国家主权的思想，主张君主专制。这种理论，在当时也是反对法国国内反动贵族的封建割据和天主教会对世俗政权的干预，适应了法国资产阶级希望国家统一，以利于发展资本主义的要求的。但他同时又认为至高无上的王权不能侵犯公民财产，不得擅自征税，而应尊重和维护公民的私有财产。在社会历史观上，他也初步提出了地理环境和气候决定民族性格和职业的学说。这种观点虽是一种形而上学的外因论，但在当时也有反对宣扬神意决定一切的宗教神学观点的进步意义。

天体运行论

哥白尼　Copernicus（波兰　1473 年～1543 年）

自然科学借以宣布其独立并且好像是重演路德焚烧教谕的革命行为，便是哥白尼那本不朽著作的出版，他用这本书来向自然事物方面的教会权威挑战。从此自然科学便开始从神学中解放出来，尽管个别的互相对立的见解的争论一直拖延到现在，而且许多人的头脑中还远没有得到结果。但是科学的发展从此便大踏步地前进。

——恩格斯

15 世纪至 16 世纪，在人文主义和宗教改革运动开展的同时，自然科学也开始摆脱神学，恩格斯指出："这是地球上从来没有经历过的最伟大的一次革命。自然科学也就在这一场革命中诞生和形成起来，它是彻底革命的，它和意大利伟大人物的觉醒及现代哲学携手并进，并把自己的殉道者送到了火刑场和牢狱。"在这场伟大的自然科学革命中，哥白尼以他的《天体运行论》向封建神学发出了挑战。《天体运行论》是人类思想史上划时代的作品，它与牛顿的《自然哲学之数学原理》、达尔文的《物种起源》并驾齐驱。

在哥白尼生活的时代，地心说占据了统治地位。因此哥白尼的《天体运行论》所揭示的日心说不但动摇了地心说，而且还对当时人们的思想与

信仰产生了不可估量的影响。它像一根火柴，为在黑暗中跋涉的人们带来了一线光明。它认为地球仅是一颗围绕着太阳运转的普通行星，这就从根本上否定了"地球是上帝特别安排在宇宙中心"的教廷说法。它象征着自然科学向教廷抗衡所发布的独立宣言，自然科学的思维从此便开始和神学分道扬镳，天文学也由此推开了近代科学的探究大门，不但带领人们走出知识的黑暗时期，也在连续近一个世纪的时光里，将托勒密古天文思维带入近代天文学的境界。德国哲学家康德说："哥白尼把地球为宇宙中心转变为太阳，使人们对地球的价值观，甚至宗教观与哲学观都有重大的'哥白尼式转变'。"今天，太阳为宇宙中心的宝座也已不保，太阳只是一颗平凡的

恒星，银河当然也不是宇宙的中心。我们越了解宇宙的真理，越觉得自我似乎更渺小了！而知道这件事的第一人，正是哥白尼。

日心说一开始就显示出了它的优越性。它的威力不仅在于它的充分有力的论证、体系的协调和完美，而且还在于，按照这个体系计算出来的行星位置，比烦琐的地心说的本轮方法算出来的要精确得多，同时还说明了四季的成因等许多过去不能理解的天文现象。实践是检验真理的唯一标准。经得住实践的检验，这是哥白尼学说的威力所在。

旷世杰作
KUANGSHI JIEZUO

哥白尼从地球运动的假定出发，经过长期、反复的观测，他终于发现：如果将其他行星的运动同地球运动联系起来考虑，并按每一行星的轨道比例来计算，那么，不仅会得出各种观测现象，而且一切星体轨道和天球之大小与顺序以及天穹本身，就会全部有机地联系在一起了。在此基础上，他在《天体运行论》中提出了一种科学的宇宙体系——太阳中心说，来代替托勒密的地球中心说。哥白尼坚信，宇宙是球形的，太阳是宇宙的中心，地球和其他行星作为天球的一部分也要参与天球整体的运动，要沿着以太阳为中心的轨道运行："太阳被称为宇宙之灯，宇宙之心，宇宙的主宰……太阳好像是坐在王位上统帅着围绕它转的行星家族……这种顺序显出宇宙具有令人赞叹的对称性和轨道的运动与大小的和谐，而这是其他的

方法办不到的。"这样哥白尼在人类历史上第一次大体上描绘了太阳系结构的真实图景。

哥白尼在《天体运行论》中还叙述了地球的运动，各星体轨道的位置以及宇宙的总体结构，其他行星运动与地球运动的关系，把其他星体运动都和地球运动联系起来，从而说明其他行星和地球的运动和现象。"天体从远到近的顺序如下：最远的是恒星天球，包罗一切，本身是不动的。它是其他天体的位置和运动必需的参考背景。有人认为，它也有某种运动……在行星中土星的位置最远，37年转一周；其次是木星，12年转一周；然后是火星，2年转一周；第四是1年转一周的地球和同它在一起的月亮；金星居第五，9个月转一周；第六为水星，80天转一周。中央就是太阳。"

在《天体运行论》的最后，作者强调，贯穿全书的论证是以直线、弧、平面和地面三角形的性质为基础的。关于这一问题，欧几里得的《几何原本》已经给出许多基本知识，但其中没有反对者最需要的由角求边及由边求角的方法。作者在这方面提出了一些命题，以帮助反对者尽可能的把它弄清楚，并使之最后解决，从而使反对者能更清楚地解释世界。

哥白尼用了"将近四个九年的时间"去测算、校核、修订他的学说。他曾写过一篇《要释》，简要地介绍他的学说。这篇短文曾在他的友人中手抄流传。但是，他迟迟不愿将他的主要著作——《天体运行论》公开出版。因为他很了解，他的书一经刊布，便会引

青少年必知的🔬学经典
QINGSHAONIAN BIZHI DE XIXUE JINGDIAN

起各方面的攻击。批判可能从两种人那里来：一种人是顽固的哲学家，他们坚持亚里士多德、托勒密的说法，把地球当做宇宙的固定的中心；另一种人是教士，他们会说日心说是离经叛道的异端邪说，因为《圣经》上明白指出地球是静止不动的。当哥白尼终于听从朋友们的劝告，将他的手稿送去出版时，他想出一个办法，在书的序中写明将他的著作大胆地献给教皇保罗三世。他认为，在这位比较开明的教皇的庇护下，《天体运行论》也许可以问世。

除了序言之外，《天体运行论》还有另外一篇别人写的前言。哥白尼当时已重病在身，辗转委托教士奥塞安德尔去办理排印工作。这位教士为使这书能安全发行，假து了一篇无署名的前言，说书中的理论不一定代表行星在空间的真正运动，不过是为编算星表、预推行星的位置而想出来的一种人为的设计。这篇前言里说了许多称赞哥白尼的话，细心的读者很容易发现这是别人写的。然而，这个"迷眼的沙子"起了很大的作用，在半个多世纪的时间里，骗过了许多人。《天体运行论》在出版后70年间，并未引起罗马教廷的注意。后因布鲁诺和伽利略公开宣传日心地动说，危及教会的思想统治，罗马教廷才开始对这些科学家加以迫害，并于公元1616年把《天体运行论》列为禁书。然而经过开普勒、伽利略、牛顿等人的工作，哥白尼的学说不断获得胜利和发展，地球绕太阳转动的学说得到了令人信服的证明。

哥白尼的《天体运行论》所提出的日心说，使人们正确地了解了我们附近的宇宙空间的结构以及我们所处的地位，可以说，在这个时候，人类才真正发现了太阳系。

永不褪色的《天体运行论》

哥白尼的主要贡献是创立了科学的日心说，写出"自然科学的独立宣言"——《天体运行论》。当时的欧洲正处在黑暗的中世纪末期，亚里士多德、托勒密的地球中心说早已被基督教会改造成为基督教义的支柱。然而，由于观测技术的进步，在托勒密的地心体系里必须用80个左右的均轮和本轮才能获得同观测比较相合的结果，而且这类小轮的数目还有继续增加的趋势。当时一些具有进步思想的哲学家和天文学家都对这个复杂的体系感到不满。推翻地心说，创立日心说，把宇宙理论推向前进，是通过波兰天文学家哥白尼的《天体运行论》实现的。

哥白尼《天体运行论》的发表，绝不仅仅是天文学上一种科学理论代替了旧的假说，它的意义要伟大得多和深远得多。首先，《天体运行论》的发表有着巨大的社会政治意义。地球是中心还是太阳是中心，不是一个纯自然的问题，它与社会观和政治观问题紧密相连。哥白尼的《天体运行论》摧毁了许多重要的宗教信条和神学观点的理论根据,如所谓天上的运动是完满的,地上的运动是不完满的,宇宙分为"天界"和"地界",每层天的星体都由神灵来推动等谬说。这是对教会权威的重大挑战,表现了上升时期的资产阶级敢于革命的精神,也充分体现了文艺复兴时期的时代精神。

其次,《天体运行论》的出版,是自然科学借以宣布其独立的"革命行动",它在摧毁神学唯心主义和推动科学发展的同时,也为唯物主义世界观提供了新的材料,为无神论提供了新的根据,因而在认识论和方法论上也有着重要的意义。它说明地心说虽然符合人的直观印象并容易为一般人所接受,但并不是科学真理,这就说明了片面的、狭隘的经验论观点的局限性,说明要获得真理,既要以经验为依据,又要经过严格的科学论证,使认识由感性上升到理性。自此以后,自然科学便开始逐步摆脱神学的束缚,向着自由的天空发展。并且正如恩格斯所说的那样,是大踏步地前进了。

最后,《天体运行论》中所反映出来的哥白尼的科学考察、资料积累和

《天体运行论》英文版封面

实验精神,为后来的自然科学家重视观察自然现象、搜集材料、概括总结实验成果,以及通过现象探讨本质,在认识论和方法论上树立了榜样,有力地批判了经院哲学家玄思冥想、盲从权威的反科学态度。

早在公元前3世纪至公元前2世纪,古代希腊萨摩斯的阿利斯塔克就曾经提出过地球绕太阳运行的猜测,但那时只是一种猜想,没有任何科学根据。到了公元2世纪,亚历山大里亚的天文学家托勒密提出系统的地球中心说,一直占据着统治地位。但是经济的发展,特别是航海业的发展,使地球中心说已经暴露出许多错误。在这种情况下,哥白尼证明了我们这个行星系的中心不是地球而是太阳。因而,哥白尼的《天体运行论》既是新兴市民资产阶级反对封建统治及其思想支柱——宗教神学——的斗争产物,也是人类在长期实践中对宇宙认识的必然发展,它引起了整个宇宙观的极为深刻的变革。

由于科学发展水平、历史条件等多方面的限制,《天体运行论》也有一些局限性。如把太阳看做是宇宙的中心,不能肯定宇宙无限,还说天体运行轨道是正圆形等等。但是这些并不妨碍它在自然科学史上具有的划时代的伟大意义,也不妨碍它对文艺复兴时期自然哲学的形成具有的重大影响。哥白尼的《天体运行论》中所包含的太阳中心说,被后来的德国天文学家开普勒和意大利物理学家兼哲学家伽利略继承和发展。开普勒根据它发现了行星运动的三大规律。伽利略借助他

所制造的望远镜发现了木星的四个卫星，证明了太阳围绕自己的轴旋转，金星围绕太阳转动，从而进一步证明哥白尼在《天体运行论》中提出的宇宙构造体系的正确。意大利的伟大哲学家的新唯物主义哲学体系的建立，就是以哥白尼的《天体运行论》一书为基础的。

哥白尼的《天体运行论》是在和宗教神学的斗争中发展起来的。他的著作还在印刷时，就受到宗教方面的攻击，而《天体运行论》的传播更引起了教会方面的极大恐慌和极端仇视，新教的创始人马丁·路德则直接攻击哥白尼背叛《圣经》，说他"要把全部天文学连底都翻过来"。1616年教皇宣布太阳中心说是异端邪说，把《天体运行论》列为禁书，在很长时间里，哥白尼的著作是经常受攻击的对象，从中我们既可以再次看出这部伟大作品的震撼力，又能深深体会到这本书所体现出来的作者那种相信真理的精神，尽管不那么坚定，然而却能被我们所理解，因为他毕竟公布了自己的学说，而且对世界产生了深刻的影响。（李文清）

思想的先锋

真正改写历史的，往往不是行为，而是思想。作为现代天文学先驱的哥白尼，其历史功绩在于他那披荆斩棘的革命胆识。他在《天体运行论》中确认了地球不是宇宙的中心，而是行星之一，从而掀起一场天文学根本性的革命。一个运动着的地球是整个现代天文学的基石，哥白尼提出了极其重要的新观点——宇宙统一性的观点。在这以前，人们认为天体和地球是由迥然不同的材料构成，天空与大地间有一条不可逾越的鸿沟。现在，这道鸿沟被哥白尼填平了。

哥白尼是科学向神权宣战的第一位战士。在公元4—5世纪，以罗马教皇为首的天主教会势力非常强大，神权赛过君权，凌驾于国家权力之上，教会就是上帝在世上的代表机构，天主教会把希腊天文学家托勒密创立的地心宇宙体系，即地球居于宇宙中心静止不动，其他日月星辰环绕地球旋转的说法当做它的护身符。按照天主教义，自然界是上帝从"无"中创造出来的，永远受上帝的意旨支配。上帝"按照自己的形象"创造了人，并把他（她）安置在地球上，所以地球在宇宙中应当占有特殊地位。这样托勒密的地心宇宙体系，正好为天主教义提供了"科学依据"，使它变得与宗教教义具有同等意义，同样神圣而不可侵犯。谁要是对它表示怀疑和反对，便被认为亵渎神圣和大逆不道，就要受到严厉制裁。

而哥白尼却把"地心说"推翻了，在哥白尼《天体运行论》所构造的宇宙图景中，地球被逐出宇宙的中心，变成一颗不断自转、同时又环绕太阳公转的行星。原来，人们并不是居住在稳如磐石的大地上，而是栖身在一个旋转很快的"陀螺"上。"天"既不存，"堂"将焉附，上帝也失去了藏身之所，而这也使《圣经》赋予地球的特殊身份——上帝的桂冠和宇宙的主宰——

完全丧失了，宇宙不因地球而存在，也就不再有什么天堂与地狱之分。这种教义上的破产震撼了欧洲中世纪宗教统治的理论支柱，大大动摇了人们心目中对教会势力的崇拜。《圣经》赋予地球的特殊意义完全丧失了。哥白尼的伟大成就又在于他不仅铺平了通向近代天文学的道路，而且开创了整个自然界科学向前迈进的新时代。他的《天体运行论》不但以简单完美的形式吸引了天文学家的注意，更由于它冲破了中世纪的神学教条，彻底改变了人类的宇宙观，从而引起了一场伟大的"哥白尼革命"，揭开了近代科学向宗教神学开战的序幕。这场革命使希腊科学垮台了，并使人类在一条崭新的更富有丰硕成果的道路上迈进。他教导人们用新的目光去看待事物，不应该盲目信赖古人的权威和从虚幻的表象看待事物，而应该在自然界中依靠实践和科学分析去发现事物的真理。从哥白尼时代起，脱离教会束缚的自然科学和哲学开始获得飞跃的发展。

哥白尼对世界秩序和宇宙论革命性的新发现，还打破了人类旧有的观念束缚，点燃了哲学与艺术迸发的火种，为诗人、思想家和艺术家开辟了一条云梯般的道路，使其在新的思维天空中任意驰骋。同科学一样，新的艺术形式也总是在那些极欲变化、拥有崭新视野的地带破土萌动。这位富有传奇色彩的学者通过《天体运行论》告诉世界，地球不是宇宙的中心，它实际上是在围绕太阳旋转。由于哥白尼的理论，很多其他的哲学家、诗人和艺术家也在其各自领域得到更好的发展，人类对自身及所处世界的认识也永久性地改变了。因此，德国著名诗人和哲学家歌德曾这样评价哥白尼的学说："哥白尼学说撼动人类意识之深，自古以来无一种创见、无一种发明可与伦比。当大地是球形被哥伦布证实以后不久，地球为宇宙主宰的尊号也被剥夺了。自古以来没有这样天翻地覆地把人类意识倒转过来的。如果地球不是宇宙的中心，无数古人相信的事物将成为一场空了。谁还相信伊甸的乐园、赞美诗的歌颂、宗教的故事呢！"他的日心说不仅对科学、哲学和艺术产生了巨大的影响，也为伽利略、开普勒和牛顿等大批后继的学者铺平了现代天文学的探索之路。他的主要著作《天体运行论》对现代历法的制定起到了先导作用，而这套历法，被我们一直沿用至今。无论从何种意义上来说，哥白尼都为我们的思维方式翻开了崭新的一页。

哥白尼的日心宇宙体系既然是时代的产物，它就不能不受到时代的限制，具有反对神学的不彻底性，同时表现在哥白尼的某些观点上，他的体系是存在缺陷的。哥白尼所指的宇宙是局限在一个小的范围内的，具体来说，他的宇宙结构就是今天我们所熟知的太阳系，即以太阳为中心的天体系统。宇宙既然有它的中心，就必须有它的边界，哥白尼虽然否定了托勒密的"九重天"，但他却保留了一层恒星天，尽管他回避了宇宙是否有限这个问题，但实际上他是相信恒星天球是宇宙的"外壳"，天体只能按照所谓完美的圆形轨道运动，所以哥白尼的宇宙体系，仍然包含着不动的中心天体。但是作为近代自然科学的奠基人,哥白尼的历史功绩是伟大的。确认地球不是宇宙的中心,而是行星之一,从而掀起了一场天文学上根本性的革命,是人类探求客观真理道路上的里程碑。(佚　名)

大师传奇 DASHI CHUANQI

公元 1473 年 2 月 9 日,尼古拉·哥白尼诞生于波兰西部维斯瓦河畔托伦城的一个商人家庭里,他幼年丧父,由舅父抚养长大。舅父路卡斯·瓦兹洛德是埃尔门兰德地区的主教,对外甥的培养非常热心,这使哥白尼从小受到了良好的教育,同时对这位后来的天文学家的伟大事业起了很大的作用。18 岁那年,哥白尼进了波兰的著名学府——克拉科夫大学读书。当时,这所学校是闻名全欧洲的学术中心,尤以数学和天文学著称。哥白尼在这里开始受到文艺复兴运动的思想影响。他的启蒙老师沃依捷赫·勃鲁泽夫斯基是一位著名的数学和天文学教授。这位教授虽然全盘接受了托勒密的理论,但对该体系的个别细节却表示出某些异议。哥白尼在勃鲁泽夫斯基的影响下,开始对天文学产生了浓厚的兴趣。公元 1500 年,哥白尼作为埃尔门兰德教区的代表,前往罗马参加天主教会百年纪念的盛典。当然,对哥白尼来说,去罗马显然有着另外的目的。他在罗马足足住了一年,在这一年中,他进行了一系列的天文观测,做了多次有关数学和天文学的讲演,还同那里的天文学家们交换了

不少意见。后来哥白尼在撰写《天体运行论》的时候,就采用了公元 1500 年 11 月 6 日在罗马观测的月食记录。

1503 年,哥白尼回到了他的祖国波兰,在黑耳斯堡(这是埃尔门兰德教区主教官邸所在地)任埃尔门兰德教区主教(即他舅父)的医生和秘书。公余之暇,他开始整理学习和研究天文学的成果,写成《天体运行论》初稿。按照当时的习惯做法,他把书中的主要内容用拉丁文写成一份类似简介的手稿,取名《浅说》,抄赠给几位可靠的朋友,这份手稿引起了欧洲学术界的重视。随着观测资料的积累,哥白尼的著作几经修改和补充,但仍然迟迟没有发表。公元 1512 年,瓦兹洛德病故。舅父的死去,使哥白尼移居弗洛恩堡大教堂。从这个时候开始,他一面继续探索自己的理论,一面专心从事天文观测工作。他不能像古希腊哲学家那样,凭想象建立理论,而是要使自己探索的理论经得起观测事实的考验。早期的希腊和阿拉伯的天文学家们做过不少观测,哥白尼使用这些资料数据时,还必须下一番苦功校勘。他把前人的观测只当做参考资料,主要依靠实测数据来充实自己的理论。

哥白尼

为此,他在所住教堂城垣箭楼上设置了一个小天文台,仪器多数是自己设计制作的。这块地方后来被称为"哥白尼塔",自17世纪以来被人们作为天文学的圣地保存下来。

晚年的哥白尼亲朋寥落,生活孤寂。公元1539年春,他热情地接待了一位远道来访的青年,这便是哥白尼毕生唯一的高足弟子、德意志维登堡大学的数学教授雷提卡斯。这位26岁的青年学者是被哥白尼学说所吸引而专程前来求教的。雷提卡斯到弗洛恩堡不到三个月,就将《天体运行论》这部书的内容写了一个概要,征得哥白尼同意之后,于公元1540年以《初谈》作书名发表出来。雷提卡斯打算再出续篇,这时哥白尼终于决定委托这位弟子把在贮藏室里搁了"四个九年"之久的巨著全文发表。

在下决心发表《天体运行论》之前,哥白尼一度是胆怯的,正如他自己说的那样:"我生怕我的学说新颖而不合时宜,会引起别人的轻蔑,因而几乎放弃了我的计划。"为此,他想出了先发制人的巧妙计策,大胆地将他的书题献给了当时在位的教皇保罗三世,求他庇护。这篇献词(原序)用语委婉恳切,是哥白尼费尽苦心写出来的。公元1543年,经过了一番周折之后,《天体运行论》终于在纽伦堡印刷完毕,公开发行了。

当印刷好的著作送到哥白尼手边的时候,他已经睡在临终的病床上了。他的生前好友吉斯在给雷提卡斯的一封信中谈到哥白尼临终的状况时说:"多日以前,他已经失掉了记忆力和思考能力,他在过世的那一天、快要断气的那一小时,才看见他的印成的全部作品。"那一天是公元1543年7月26日。

延伸阅读 YANSHEN YUEDU

在天文学的发展史上,还有两位重要的人物,他们就是意大利的布鲁诺和伽利略。

布鲁诺在1584年出版了《论原因、本原和太一》一书。他自称这部著作"对于我说是最为珍贵的和对于未来世界说是至为宝贵的物品",其目的是"向时代的无知、无耻、贪婪、蛮横展开有力的抗击",并正确地反映自然,"改造风尚",使人们"生活更加幸福、更加神圣"。本书用对话体形式写成,共由五篇对话构成,对话中的斐洛泰奥和泰奥非代表作者自己。此书探讨了世界的本原、万物形成和运动的原因,以及物质和意识的关系等问题,系统地阐述了自己泛神论的哲学体系。

* * *

伽利略是近代科学最伟大的奠基者之一,是意大利重要的天文学家和动力学始祖,也是哲学家和卓越的艺术家。在《关于托勒密和哥白尼两大世界体系的对话》中,他用自己的研究成果有力地证明了太阳中心说,反驳了宗教神学认为天体永恒不变的观点及反对哥白尼的各种责难,并进一步指出天地都是由物质组成,并按其自身规律运动,同时又批判了天国高于尘世的观点。

青少年必知的科学经典 QINGSHAONIAN BIZHI DE XIXUE JINGDIAN

乌　托　邦

托马斯·莫尔　Thomas More(英国　1478年－1535年)

《乌托邦》是人类第一部描述共产制度如何运用于一整个国家，而且是一个庞大的国家的著述，它依靠独立的理性思考，促进了伦理学、哲学和政治学的重大发展。在我看来，《乌托邦》的一些基本原则是人类智慧最伟大的贡献。

——法国著名社会学家　卡　贝

你是否也曾设想过，有一天自己会生活在一个完全公正平等、充满了幸福的完美世界当中？是的，几乎每一个人都曾经有过类似的梦想。因为自从人类社会诞生之日起，苦难、争斗、残杀与压迫就一直如梦魇般困扰着人类，无休无止。也正为此，对于澄明的大同世界的想象也一直伴随着人类的延续。500多年以前，有位英国贵族也曾为人类设想了一个世外桃源式的世界，并且行诸笔端，留下了一部举世闻名并传诸后世，给寻求人类福祉的人们以无数启迪的名著——《乌托邦》。它的作者便是空想社会主义的鼻祖、英国杰出的人道主义者和文学家托马斯·莫尔。

《乌托邦》是莫尔作为伦敦商界的代表，于1516年出使荷兰佛兰德斯期间写成的。在书中，莫尔采用了人文主义时代常见的叙述方式，运用了游记体

小说的表现形式，将自己对现实的思考和对未来的设想借拉斐尔·希斯拉德之口讲叙出来。为了增强乌托邦岛存在的可信性，莫尔还特意将它与当时人们已经非常熟悉的阿美利哥·韦斯浦奇的航海经历联系在一起，将主人公拉斐尔说成是阿美利哥手下的一名随从。这样，一方面可以避开专制统治者的猜疑；另一方面又可以使作品的可读性大增，因为当时的欧洲正处于地理大发现的时代，任何有关新大陆的描述都会令人们感到新奇，并千方百计地找来读一读。

《乌托邦》于1517年一经问世，便引起了地震般的轰动效应，这部著作使莫尔一下子成了整个欧洲注意的中心。许多人在书中发现了"无论是柏拉图还是亚里士多德的作品中都没有的内容。世界各族人民将尊敬乌托邦，将世世代

代歌颂乌托邦，因为那里是人类的天堂"。有人曾发表文章说："莫尔把理想国家的思想与形式提供给了人们，为此全世界的人民都非常感激他。莫尔是一位天生具有超人智慧，甚至几乎具有神的智慧的大作家。"面对封建主义和新兴资本主义原始积累给人民带来的苦难，莫尔为人类设想出了一个理想的世界，它寄托了人类的美好希望，描绘了至善至真的人类社会蓝图，包含了许多至今仍使我们感到激动和震惊的东西，显示出了突破幻想喷薄而出的天才思想。

旷世杰作

托马斯·莫尔是西方文艺复兴时期的重要人文主义者，是空想社会主义理论的伟大创始人。他的名著《乌托邦》是这一理论的第一部代表作。

《乌托邦》一书共分两部。上部主要是对现实的揭露与批判，下部是对理想社会的设想。

在第一部里，莫尔借拉斐尔之口对当时英国社会的种种弊端，统治阶级的专权残暴、厚颜无耻，以及广大下层群众的悲惨处境予以辛辣的嘲讽和深刻的揭露。那些统治者们所关心的只有两件事情：要么疯狂地掠夺人民的财产，要么挑起掠夺性战争。为了达到这一目的，他们可以寻找种种借口，不惜牺牲人民的性命或致他们于伤残。统治者们以严苛的刑罚对付下层群众，根本没有什么公正可言。

在谈到那些新兴贵族和乡绅发动的"羊吃人"的圈地运动时，莫尔写道：

"你们的绵羊，曾经是那样容易满足，据说现在开始变得贪婪而凶蛮，甚至要将人吃掉。"

莫尔将批判的矛头直指剥削制度赖以存在的基础——私有制，"我深信，除非彻底废除私有制，财富的平均分配才能公正，人类的生活才能真正幸福。只要私有制存在，那么人类中的绝大多数，而且主要是那些最优秀的部分，便会仍然承受着贫穷和不幸那难以逃脱的重负。"莫尔的大胆揭露，为当时的英国社会勾勒出一幅立体画，也为第二部描述乌托邦的社会制度作了陪衬。正是在理想与现实的对比中，莫尔得出了若干空想社会主义的重要结论。

在《乌托邦》一书的第二部里，莫尔将自己对人类美好国家制度的憧憬投射在他所假想的乌托邦岛上。

在政治方面，莫尔主要涉及了乌托邦人民实现民主的最高形式、乌托邦的官员、乌托邦的社会分层以及乌托邦的法律制度。首先，乌托邦的政治制度的基本特征是民主。乌托邦人实现民主的最高形式是全岛大会和议事会。其次，乌托邦有一套完备的官员制度。在这里，没有哪个官员会自视高傲、盛气凌人。再次，从社会分层上看，乌托邦社会由自由公民和奴隶构成。乌托邦的奴隶主要由国内犯了重罪的人，或是在国外犯罪而被判为死刑的犯人充当。最后，乌托邦的法律制度也颇具特色。乌托邦几乎没有法律，也不存在律师，由人们自理诉讼，法官也能够熟练地权衡各种供词，做出恰当的判决。

在经济方面，乌托邦人的一切经济活动是以人们的生产劳动为前提而展

青少年必知的哲学经典
QINGSHAONIAN BIZHI DE XIXUE JINGDIAN

开的。在乌托邦，所有的城市及其附近的乡村，不分男女，只要年龄和体力适合，都要参加劳动。乌托邦人讲求经济效益。他们的劳动者所从事的，都是"为了满足人们自然需要和便利要求"所必需的职业，其中最主要的是农业。此外，每个乌托邦人还要根据自己的情况学习一门有用的手艺，如毛织、纺麻、瓦工、冶炼、木工等。在乌托邦没有货币，不存在商品流通。最后也是最重要的一点，乌托邦实行财产公有。所有产品公共管理，按需分配。在这里，"无论在哪儿都不会找到一样私有财产。实际上，每隔十年的时间，他们便要通过抽签的方式来调换他们的房屋"。财产公有是整个乌托邦社会得以存在的物质前提。

在社会生活方面，首先，乌托邦人采取的是一种健康向上的生活方式。在乌托邦根本找不到虚度光阴和借口旷工的机会。其次，这里盛行的是一种平等、互助、融洽、友爱的新型人际关系。家庭伦理对乌托邦社会具有重要意义。在宗教方面，乌托邦人采取了很明智的宽容态度。无论是崇拜太阳、月亮还是某个星辰都是自由的。人们可以自由地宣扬自己的宗教，任何人都不会由于自己的信仰而受到惩罚，但任何人也不允许将自己的信仰强加于他人。

在对外关系方面，乌托邦人对外部世界所持的是和平友好的态度，但在必要的时候也不会拒绝，甚至会去发动战争。其战争主要是为了在他们的殖民地人民反抗时进行讨伐；或是为了保护本国领土免遭侵犯；或是为了解救那些受专制压迫的民族，他们认为这是一种

受到人类同情心所驱使的行为。

此外，莫尔在这部分还对乌托邦的人口、教育、城市规划、交通运输、婚嫁习俗、语言文字、医药卫生，乃至思想观念等方面进行了描述。

《乌托邦》的得与失

生活在400多年前的托马斯·莫尔是西方文艺复兴时期的重要人文主义者，是空想社会主义理论的伟大创始人。与当时的人文主义知识精英普遍地渴望建立"自由、民主、平等"的资本主义新型社会不同的是，托马斯·莫尔以更为深邃的目光和超前的天才构想，从不同的角度与层次批判黑暗社会，在否定私有制的基础上，设计出财产公有、共同劳动、按需分配的社会方案，为人们的进步追求描绘了美好的社会图景。他的名著《乌托邦》是这一理论的第一部代表作。

他不仅深刻地洞察和揭露了那个时代的各种矛盾，对当时刚刚兴起的，将私有制历史地发展到了最高顶点的资本主义生产关系给予当头一棒；结合当时英国社会的现实，真实地揭露了资本原始积累时期广大劳动群众的痛苦生活，深刻地批判了资产阶级和封建统治者的血腥罪恶，而且还富于天才性地为人们描绘了人类理想社会的美好图景。莫尔在该书中通过对一个虚构的"乌托邦"岛国的细致描写，表达了他对理想社会政治和经济制度的卓越设想。莫尔也正是以这些天才性的设想而被

青少年必知的西学经典

世人公认为西欧第一位伟大的空想社会主义者。莫尔的空想社会主义理论的重要意义在于：它在资本主义生产方式产生的初期，就深刻地看到了它的许多矛盾和弊病，预见到了万恶的私有制社会必将为没有剥削和压迫的公有制社会所代替，从而为后来的空想社会主义理论的发展以及科学社会主义理论的产生起到了重要的先驱作用。他当年的很多设想已经变成了今天的现实，有些至今仍然是我们不断努力追求的目标。

在莫尔的全部空想理论中，他所提出的建立公有制社会的思想是最有价值的一部分，而且对后来的空想社会主义理论产生了十分深刻的影响，对此我们可以从19世纪法国著名的空想社会主义者埃蒂耶纳·卡贝对《乌托邦》一书的评价中得到一般的了解。卡贝认为，《乌托邦》一书中的智慧的许多细节虽然存在着缺点或已经过时了，但他所提出的基本思想，尤其是建立共产制度的主张却是发人深省的。他说："这本书的基本思想却深深地触动了我，以致

《乌托邦》英文版封面

每当我合起书来，总是不得不认真地思索一下共产制度的问题……"的确，《乌托邦》所阐明的公有制思想，就其深刻性来说，直到18世纪法国资产阶级革命时止，还没有任何一部空想社会主义的作品能超过它。

他对有关国家官员实行选举与轮换、政府决策程序的构想，突破了封建君主政治传统的禁锢，深深地隐含着近代民主、平等的意识。他所设计的"公有"社会模式，超越了人文主义思潮的界限，否定了包括新兴资本主义在内的一切剥削制度，体现了对广大下层民众更为宽广的人文情怀。所有这些，都朦胧地反映了早期无产者对未来社会的向往，对后来的空想社会主义理论的发展以及科学社会主义理论的产生，都产生了重要影响。莫尔当之无愧地成为近代空想社会主义的开拓者和奠基人。

作为一位生活在16世纪的人文主义者，受其所处特定历史条件和他本人思维方式的影响，莫尔又有很大的局限性。莫尔写作《乌托邦》的目的在于规劝当时的统治者进行社会改良，他的基本立场还是维护当时的社会统治秩序。《乌托邦》原作采用的是拉丁文，这便决定了它只能在上层社会传阅，而不会对下层社会造成什么影响。这与当时自下而上兴起的宗教改革运动形成了鲜明的对照。这首先是由莫尔所处的社会地位决定的。莫尔在十几年的为官生涯中，屡任要职，始终忠心耿耿地维护现实的社会法律宗教秩序。其次，是由于莫尔的英雄史观。人文主义时代的思想家们几乎普遍将他们的理想建立在一种天真的、超阶级的人类理性和

信仰的基础之上，期待着贤明的国君来启迪人们的理性，唤起人们高尚的信仰。作为一位人文主义者的莫尔，也没有摆脱这种局限性。这点在《乌托邦》一书中，处处可以得到印证。莫尔将乌托邦的开国者乌托普国王视为伟大君主的典范，几乎乌托邦的所有优良习俗都是由他倡导并由后人继承下来的。最后，莫尔所采取的这种态度也是由当时的社会条件所制约的。在资本原始积累的资本主义阶段，无产者还没有作为一个阶级而存在，更不会展示出他们所具有的先进性和革命性，莫尔还不可能将他们视为实现人类理想社会的主导力量。

另外，莫尔的"乌托邦"赖以存在的社会生产条件充其量还只能是农业和手工业经济，而且其中也不乏对古代奴隶制的赞美之处；由于当时的市场经济还处于一种无序状态，莫尔对商品与货币的认识也是很不充分的。这些都是我们在阅读此书时应予以注意的。（邢占军）

乌托邦——理想中的快乐王国

莫尔在他的旷世名著《乌托邦》中结合当时英国社会的现实，真实地揭露了资本原始积累时期广大劳动群众的痛苦生活，深刻地批判了资产阶级和封建统治者的血腥罪恶，并且通过对一个虚构的"乌托邦"岛国的细致描写，表达了他的理想社会的政治和经济制度的卓越设想。

莫尔对未来社会的理想描述是建立在对现实社会深刻批判的基础上的。

莫尔用大量篇幅揭露了英国资本原始积累时期"圈地运动"给劳动人民带来的深刻苦难。莫尔对穷苦的劳动人民予以深切的同情，他用悲愤的笔触写到：在社会底层的那些种田的、拉车的、做零活的、赶货车的、干苦工的，他们终日像牛马一样地劳作，可是他们的生活连牛马都不如。而那些高居于社会之上的贵人却像公蜂一样游手好闲，靠对穷人敲骨吸髓般的重重盘剥，过着挥金如土的生活。莫尔认为，这种极少数人享乐，大多数人痛苦的社会是不公正的，它完全违背了人类的道德。他借乌托邦人之口针锋相对地提出，人人都有过快乐生活的权利，人类的全部或最大的幸福就是快乐。莫尔明确地把追求快乐当做社会的道德准则，他说："我们的全部行为，甚至包括道德行为，最后都是把快乐当做目标和幸福的。"莫尔

《乌托邦》英文版封面

的以上论述鲜明地表达了穷苦劳动群众要求过美好幸福生活的愿望。

值得注意的是：莫尔在把快乐当做普通的道德准则时，并不认为每一种快乐都构成幸福。他对快乐进行了分类，区分了真正的快乐和虚假的快乐。他认为虚假的快乐不能为人带来幸福，它是不道德的，应当被抛弃，只有真正的快乐才构成人类的幸福，值得人们追求。

什么是真正的快乐，什么是虚假的快乐？莫尔对之作了详细的描述和规定，从这些规定中我们可以清楚地看到莫尔对当时罪恶现实的无情鞭挞和对理想社会道德生活的憧憬。

莫尔认为，虚假的快乐是通过损人利己的行为，或从庸俗的欲求和享乐中获得的快乐。莫尔坚决反对损人利己的行为，他认为社会中的人都是平等的，为了自己得到快乐而使他人失去快乐是不公平的。莫尔还列举了庸俗的虚假的快乐的种种表现：有些人为了满足自己的虚荣一味追求华丽的服饰，好像高贵的仪表能够使他们也变得高贵似的；有些人自恃有高贵的血统和万贯的家产，总把他人的恭维当成快乐，甚至当他们已经把祖传的财产挥霍殆尽时，仍然疯狂地要求人们尊崇；有些人沉溺于掷骰赌博等愚蠢游戏，而没有看到这些完全是由他们的不健康情绪和反常习惯造成的。莫尔这里描写的正是当时英国贵族的行为。

莫尔认为，与虚假的快乐相反，真正的快乐是一种高尚的快乐，是在人类普遍的友爱互助精神促使下获得的快乐。人们在追求自己的快乐时，不但不应妨碍别人的快乐，还应帮助他人得到快乐。

莫尔又把真正的快乐分为两种：一种是肉体方面的，另一种是精神方面的。肉体的快乐包括各种能引起生理快感的感觉，比如由饮食排泄、搔痒抓痛、夫妇行房等引起的快乐，也包括身体的健康与和谐。莫尔认为，身体的健康是最主要的肉体快乐，它是其他一切肉体快乐的基础；没有健康，就谈不上生活的安然和舒适。莫尔进而认为，当我们追求各种感官之乐的时候，应首先把它们看成是有益于健康的，是为了促进健康的。如果我们纵情于感官之乐而损害了健康，那是疯狂而可悲的。因此，我们在追求感官快乐时必须遵守这样的原则："不因小快乐而妨碍大快乐，不因快乐而引起痛苦的后果。"

不过，与精神的快乐相比，肉体的快乐又显得次要。莫尔认为，精神的快乐是"一切快乐中第一位的，最重要的"。精神的快乐主要是从两个方面来的：一是来自发展理智和探究真理的思维活动，二是来自敦品励行的道德实践和对高尚生活的自我意识。此外，人们在回想过去的美好生活和遐想未来的幸福情景时，也会获得愉快的精神享受。

莫尔通过对真假快乐的对比描写，辛辣地揭露了现实社会中追名逐利的卑劣行径，其中尤以对拜金者的讽刺和批判最为精彩，其矛头直指贪得无厌的富人。莫尔写到：在金钱主宰的社会里，一些人把获得金钱看成是最大的快乐，他们完全变成了金钱的附庸。对金钱的崇拜使生活变得扭曲了：一个人的价值不是取决于他是否有才能，是否对人类有贡献，而是取决于他是否有钱。可是在乌托邦情况下就不同，乌托邦人是按照金银的实际用处来对待和使用它们的，它们并不比铁和陶器更受重视。在外邦人看来无比珍贵的珍珠宝石，在乌托邦人眼中也只不过是儿童手中的玩物。所以当外邦的富人身着华装丽服，珠光宝气地来到乌托邦时，立刻受到乌托邦人的嘲笑，被当成傻瓜和小丑。

总之，莫尔认为人类要想过上幸福的生活，就应当追求快乐，而且不是盲目追求任何一种快乐，而是追求真正的快乐，摒弃虚假的快乐。追求正当高尚的快乐是完全符合人类自然本性的，只有按照自然的要求生活才能得到幸福。因此，莫尔说，符合于自然的生活就是至善。莫尔还将自然的要求和人类的理性一致起来，他认为服从自然就是服从理性，不为小乐失去大乐，不因小乐招致痛苦，就是一条理性的原则。那些追求虚假的快乐的人是完全违反理性的。莫尔最终求助于上帝的恩赐来保证人享受快乐的合法性，他说上帝造人就是使人过幸福的生活，追求真正的快乐乃是上帝的意志。莫尔还借乌托邦人之口说，所谓的上帝就是自然本身。这样，在莫尔看来，在道德的行为和规范上，上帝、自然和理性三者的要求完全是一致的。
（周晓亮）

DASHI CHUANQI 大师传奇

托马斯·莫尔于 1478 年 2 月 7 日出生在英国伦敦一个不太显赫的富有家庭。莫尔幼年丧母，由父亲带大。他的父亲约翰·莫尔曾担任过皇家高等法院的法官，是一位勤俭持家、正直明达的人，对儿子要求极为严格，这对莫尔一生

产生了深刻的影响。

13 岁时，父亲将他寄住在坎特布雷大主教、红衣大主教莫顿的家中。莫顿是当时一位很有影响的政治家，他学识渊博、机智过人、谈吐优雅，曾担任过英国的大法官，对此莫尔在《乌托邦》中专门做过描述。从他那儿莫尔得到了很多有益的影响。

莫尔于 1492 年进入牛津大学攻读古典文学，在那里他又学习了希腊文，这使得他可以尽情地阅读柏拉图、伊壁鸠鲁、亚里士多德等人的作品。其中，尤其是柏拉图的思想对莫尔产生了巨大的影响，后来的评论家中有人干脆将《乌托邦》称为柏拉图《理想国》的续篇。在那里，他还学习了不少人文主义学科，并与在此任教的著名人文主义者科利特、格罗辛、林纳克等人有很深的交往。这些人文主义者，以及后来莫尔所接触的欧洲大陆著名的人文主义者伊拉斯莫斯都对莫尔产生了极深的影响，使他成为一位坚定的人文主义者。

在父亲的逼迫下，1494 年莫尔被迫

托马斯·莫尔

青少年必知的西学经典

离开了牛津大学，进入了新法学院学习法学，后又在林肯法学院攻读英国法，并很快得到了头等律师的名声。莫尔踏入社会是从一个律师起步的。在担任律师期间，他接触了大量涉及下层社会的讼案，目睹了广大人民群众所遭受的苦难。他主持公道，能够替受屈的人们撑腰，因而在伦敦很有名望。此后，26岁的莫尔被选为议员，但很快便因维护市民的利益，而得罪了英王亨利七世，并受到了迫害。

1504年，亨利七世病故，亨利八世继任王位。

亨利八世表面上非常欢迎人文主义的做法，这令莫尔很受鼓舞，而且，莫尔反对新教的主张与亨利八世最初对待宗教改革的态度相吻合，再加上莫尔本人的声誉，亨利八世很希望接近他。莫尔相继受命担任一系列要职，并受封为爵士。1529年莫尔成为英国大法官，这是英国仅次于英王的第一号要人。但莫尔对自己的处境是非常清醒的，他曾对他的女婿说过，"若用付出莫尔的头颅的代价，可以换得正和英国交战的法国任何一个无足轻重的城堡，英王会不假思索地把莫尔的头颅割下的。"

莫尔的预见是非常准确的。由于他在国务活动中坚持己见，不肯委曲求全，英王对他甚为不满。在处理亨利八世与宫女安娜·宝琳的婚事上，莫尔不愿违背自己的信念，于是在1532年辞去了他所担任的职务。他的做法激怒了亨利八世，在莫尔引退后仍然多次对他进行迫害。亨利八世迫使议院通过法令，宣布他为英国教会的首领，并要求全英国杰出的人物，包括莫尔，都必须宣誓承认英王是教会的首领。莫尔因拒绝宣誓被关进伦敦塔。1535年7月7日，莫尔被处以死刑。1886年，在莫尔去世300多年后，天主教追封他为圣徒，尽管他不是一位正统的天主教信徒。

YANSHEN YUEDU 延伸阅读

莫尔将其对黑暗社会的批判与对美好社会的向往融会于《乌托邦》中，可与之相媲美的描绘理想世界的名著，还有英国18世纪杰出的政论家和讽刺小说家斯威夫特的《格列佛游记》。这是一部奇书，英国著名作家乔治·奥威尔一生中曾读了不下6次，他说："如果要我开一份书目，列出哪怕其他书都被毁坏时也要保留的6本书，我一定会把《格列佛游记》列入其中。"本书是以主人公格列佛自述的口吻展开叙述的，这部作品共分为4卷，主要叙述了格列佛一生的4次航海经历，他先后游历了小人国、巨人国、慧骃国等奇异的国度。作品批判了现实世界的黑暗，表达了对于理想世界的向往。

* * * *

在欧洲14至17世纪的文艺复兴运动中，意大利的空想社会主义者、哲学家、作家康帕内拉在他的小说《太阳城》中虚构了一个没有私有制、社会财富和产品都由社会成员享用、政治上人人平等的理想社会，反映了人文主义思想家改造现世社会的理想方案。这一设想反映了意大利早期无产者和贫苦劳动人民反对剥削的要求和对幸福生活的渴望，对后来的空想社会主义者有一定的影响。

思 想 录

帕斯卡尔　Pascal（法国　1623 年－1662 年）

《思想录》以一种浪漫思维的方式来谈宇宙、人生、精神、科学、神学，处处闪现思想的火花、光彩，书中有许多警句和发人深省的提问，使我们真正认识了自我和人生。

——中国社会科学院教授　卓新平

如果不去解读，不去体会，谁也不会相信在他清瘦的面孔和羸弱的外表下掩藏着的是怎样深刻和矛盾的心灵。他是一个彻底的人，一个纯粹的人，一个将自己生命推向极顶的人。他就是帕斯卡尔。

有人说，在历史上，那些思想的巨人，他们投身于哪个领域，就是哪个领域的幸运。但是具有多方面天才的巨人，是很难被哪一个领域束缚住的，要是他有一颗总不安分、永远探索的心灵，就更是如此。

帕斯卡尔有着一颗永不安分的心灵，这心灵引导他跨越了一个又一个的障碍，成就了一个又一个的目标。他的灵魂是高洁的，思想是放射的，追求是永无止境的，他不拘泥于一条道路，而是随时调整自己、改变自己，不断转换兴趣和方向，而他执著的个性和彻底的精神，又使他在自己关注的

领域走得很深很深。早在 16 岁时，帕斯卡尔就已经写出一本使他出名的几何学论文，但是在一场戏剧性的个人皈依之后，他很快就献身于基督教信仰和神学。从奥古斯丁经过帕斯卡尔到现代基督教生存论哲学家，这当中有一条明晰的线索。在法国文化生活中，帕斯卡尔和笛卡儿作为两个对立传统的代表站在对立的两极上。

1670 年，帕斯卡尔的《思想录》一书在法国首版。该书以其论战的锋芒、思想的深邃以及文笔的流畅成为世界思想文化史上的经典著作之一，对后世产生了深远影响，被认为是法国古典散文的奠基之作。《思想录》具有深刻的社会批判性和高度的思想独立性，充满了作者对人类感情的冷静观察。帕斯卡尔的语言平易通畅、不加雕饰，文章写得亲切活泼、妙趣横生。《思想录》出版以后，就再也没有

绝版过。它与《蒙田随笔集》《培根人生论》一起，被人们誉为欧洲近代哲理散文三大经典。本书作者以其特有的揭示矛盾的方法，反复阐述了人在无限大与无限小两个极限之间的对立，论证了人既崇高伟大又十分软弱无力这一悖论，天才地揭示了"人因思想而伟大"这一动人主题。这一主题对弗兰西斯·培根、莎士比亚以及法国的一些先进思想家、文学家与戏剧家影响颇大，从而使《思想录》这本书在西方思想发展史上留下了不灭的印记。

旷世杰作

帕斯卡尔的思想理论集中地体现在他的《思想录》一书中。《思想录》本来是一部作者生前尚未完成的手稿，其中有些部分业已大致成章，斐然可读、文思流畅、清明如水，另有些部分则尚未定稿或仅有标目或提纲，言简意赅或竟至不成语句，使读者索解为难。此书于笛卡儿的理性主义思潮之外，另辟蹊径：一方面它继承与发扬了理性主义传统，以理性来批判一切；另一方面它又在一切真理都必然以矛盾的形式呈现这一主导思想之下指出理性本身的内在矛盾及其界限，并以他所特有的那种揭示矛盾的方法，即所谓"帕斯卡尔方法"，从两极观念（他本人就是近代极限观念的奠基人）的对立入手，考察了所谓人的本性以及世界、人生、社会、历史、哲学知识、宗教信仰等多方面的理论问题。其中既夹杂有若干辩证思想的因素，又笼罩着一层浓重的悲观主义的不可知论。

《思想录》一书集中反映了帕斯卡尔的神学和哲学思想。帕斯卡尔是一个宗教色彩十分浓厚的思想家，尤其深受冉森派思想的影响。他认为人是完全地处于罪孽之中，要靠上帝的恩赐才能得到拯救的。他站在冉森派的立场上，与耶稣会进行了针锋相对的、卓有成效的争论。浓厚的宗教色彩使他与当时处于主流地位的理性主义思想潮流有很大的不同，但他并未否定或贬低人类的理性。实际上，从另一方面来看，他也继承了理性主义的传统，对人性、人生、社会、哲学和宗教等问题进行了理性的探讨。或许可以这样说，帕斯卡尔在本书中是把宗教信仰和理性问题分开，从不同的方面论述与此相关的问题。帕斯卡尔认为，上帝存在、人性败坏，这是两条根本的宗教真理，否认了其中的任何一条，都会陷入无神论。他把无神论和自然神论看做是基督教信仰的最大障碍。但是，人又不可能通过理性证明上帝的存在。人是一根会思索的芦苇，然而，人对宗教信仰的思考只是证明了人的思维能力的有限性，它不能证明上帝的存在，理性对宗教无用。人对上帝的关系是信仰的关系，信仰是上帝的恩赐。理性虽然不能证明上帝存在，但是它可以告诉我们应该选择上帝存在。帕斯卡尔提出了关于信仰上帝存在的赌博论证。意思是说，在上帝是否存在这个问题上，人们可以选择上帝存在，也可以选择上帝不存在，但不能不做选择，在人生中对此必须做出选择，必须下赌注。赌上帝存在时，如果上帝存在，信奉上帝的人会获全胜，

青少年必知的☆学经典

QINGSHAONIAN BIZHI DE XIXUE JINGDIAN

有无限的收益,会获得幸福。如上帝不存在,也无多大损失。

在帕斯卡尔看来,人的理性使人认识到自身处境的悲苦。但这一点并不使人陷入悲观主义,相反,了解到人的悲苦会使人变得更加伟大和坚强。不过,贯穿于《思想录》一书中的许多观念确有消极的意义,如:人生的脆弱不堪,人生如梦、世事无常,理性不能确定信仰,要依靠人的直觉和情感等等。书中有大量进行神学论战的地方,乍看起来会使一个现代的读者感到闷气。然而他思想中的一些光辉的片断往往就存在于神学的夹缝之中。他所继承的冉森派教义,实质上是宗教改革中加尔文派的一个变种,代表着资本原始积累的要求。一切神学理论都不外是世俗利益的一种伪装,只要把神学还原为世俗,就不难发现掩盖在神学外衣之下的思想实质。此外,冉森派与耶稣会的论战虽然是在一个狭小的神学领域范围之内进行的,帕斯卡尔本人的思想却在许多重要问题上突出了这个狭小的范围,既表现在思想内容方面也体现在思想方法方面。

帕斯卡尔是当时杰出的数理科学家,对人类科学的发展做出了突出的贡献。他相信对自然的研究需要充分地发挥人类理性的作用。他的科学研究工作也对其世界观的形成有积极的影响。他在反对耶稣会的论战中也体现出一些光辉的近代思想和思想方法。他反对墨守古代权威教条,用实验证明真空的存在,反对"自然害怕真空"的教条,这些都是近代科学精神的

积极的反映。

本书的体系是唯心主义的,但在继承蒙田等"人性学家"的思想传统并宣扬资产阶级人性论而与以耶稣会为代表的天主教会官方的神学理论进行尖锐论战这一点上,却有其鲜明的历史进步意义。它和作者本人的另外一部书《外省通信》反映了近代初期西欧大陆中等阶级反对派的思想体系的一个重要活动方面。

经典导读

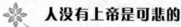

人没有上帝是可悲的

帕斯卡尔是 17 世纪最卓越的数理科学家之一,他对于近代初期的理论科学和实验科学两方面都做出了巨大的历史贡献。他的以《真空论》为代表的一系列科学著作,基本上是唯物主义的并充满战斗风格,三个多世纪以来已成为科学史上和思想史上的光辉典籍。帕斯卡尔的思想理论集中地体现在他的《思想录》一书中。此书于笛卡儿的理性主义思潮之外另辟蹊径:一方面它继承与发扬了理性主义传统,以理性来批判一切;另一方面它又在一切真理都必然以矛盾的形式而呈现这一主导思想之下指出理性本身的内在矛盾及其界限,帕斯卡尔以他所特有的那种揭示矛盾的方法(即所谓"帕斯卡尔方法"),从两极观念(他本人就是近代极限观念的奠基人)的对立入手,考察了所谓人的本性以及世界、人生、社会、历史、哲学知识、宗

青少年必知的西学经典

教信仰等多方面的理论问题。

书中有大量进行神学论战的地方,乍看起来会使一个现代的读者感到沉闷;然而帕斯卡尔思想中的一些光辉的片断往往就存在于神学的夹缝之中。他所继承的冉森派教义,实质上是宗教改革中加尔文派的一个变种,代表着资本原始积累的要求。一切神学理论都不外是世俗利益的一种伪装;只要把神学还原为世俗,就不难发现掩盖在神学外衣之下的思想实质。此外,冉森派与耶稣会的论战虽然是在一个狭小的神学领域范围之内进行的,帕斯卡尔本人的思想却在许多重要问题上突出了这个狭小的范围,既在思想内容方面,也在思想方法方面。近代辩证法奠基于康德,康德的来源之一是莱布尼茨。莱布尼茨于1672年至1676年侨居巴黎时,结识了冉森派的主要代表人物之一——阿尔诺,并深入研究了帕斯卡尔的手稿,受到他很大影响。众所周知,莱布尼茨对自动机的研究就是由于受帕斯卡尔设计计算机直接启发的结果,这是近代计算技术的开端。极限概念则是又一个影响,它奠定了近代微积分学的基础。但帕斯卡尔对莱布尼茨的影响远不止于此。近代思想史上的一个重要契机是古代奥古斯丁观点的复活。据控制论创始人维纳的看法,现代物理科学革命并非始自普朗克或爱因斯坦,而是始自季布斯;控制论就是在宇宙的概率熵之不断增加这一季布斯的观点以及更早的莱布尼茨的信息观念的基础之上建立起来的。维纳认为季布斯所提出的概率世界在承认宇宙本身结构中有着一种根本性的机遇因素这一点上,非常之接近于奥古斯丁的传统。帕斯卡尔本人既是近代概率论的创始人,同时作为冉森派最突出的理论代表,他又在思想史上重新提出了奥古斯丁的观点。从而帕斯卡尔的思想就构成为古代与近代之间的一个重要的中间环节。从帕斯卡尔经莱布尼茨至康德的这一线索,提供了近代思想史上最值得探索的课题之一。然而这样一条线索,以及一般的近代思想的发展之与思想方法论之间的相互关系,却常常为历来的研究者们所忽视。(佚 名)

思想的苇草

生来就有一种宗教气质的人是有福的,生来就是一个快乐主义者的人亦是有福的,虽然他们是两种不同的福分,并相互觉着对方的悲惨。真理并非总是采取逻辑的形式,甚至并非总是采取语言的形式,诚如歌德所言,只要它像在我们四周轻轻飞翔并带来和谐的精灵,只要它像庄严而亲切的绕梁三日的钟声,那就够了,这就是我们对《思想录》满足的最大理由。无论如何,各种幸福之间的差别毕竟小于各种痛苦之间的差别,每一种痛苦都是独特的、个别的。所以,从一个人的痛苦比从一个人的幸福更能了解一个人。《思想录》中充满了痛苦,这种痛苦并不是源于作者个人的得失,而是源于作者对人生的困惑和自己所体察到的人类的悲哀。

天才是埋不住的,除非他自己掩

埋自己。有几个思想家是留给我自己的，我心里总是默默地给他们留着地方，我不知道他们什么时候进入，我也不知道这个日子的早些来临是幸或者不幸，但我知道，那是在我心如死灰的时候，虽然，也许从那死灰里又会长起一种绿色的植物，只要我的心还没有冷到冰冻三尺，没有板结到不能灌溉，我就要悄悄地和他们谈话。不知为什么，在众多与我交谈的人当中，帕斯卡尔是来得最频繁的一个，或许是因为他那本《思想录》与我的思想贴得最紧。

在《思想录》中，帕斯卡尔有一句名言：人是能思想的苇草。思想形成人的伟大。它启示我们，即使不奢望自己伟大，但仍然可以做一株能思想

《思想录》英文版封面

的苇草。尽管微小幼稚，但我们思考着，是对自己的最大尊重，而正是在这种尊重中，我们超越了自己，超越了平凡。这本书已经诞生了300多年，可是第322年我才看见它的真正存在。在帕斯卡尔之前，有培根，有蒙田，但他最后一个为我所知。与另外两人相比，他必须最后为我所知，因为没有思想的积淀，就无法接近他。我们很早就能读懂《培根人生论》，再过上一些年才可以读懂《蒙田随笔（集）》，而帕斯卡尔《思想录》的姗姗来迟是一个定数。这三部西方三大经典，最后一部最耐人寻味，只有它能陪你到阅尽沧桑和人情的老年。帕斯卡尔说出了我们虽有感悟但永远也说不出的东西。他用一串串精神的记录证明，他是一根最有尊严的苇草。这个体弱多病的人，就像芦苇在风中摇摆，但在思想中有着哲学家的坚定。

《思想录》向我们指明人是为思想而生存的事实，"而思想的顺序则是从他自己以及从他的创造者和他的归宿而开始"。但帕斯卡尔遗憾地看到，世人很少想到这一点，人们只是想到物质享受、娱乐、赌赛，"想着打仗，当国王，而不想什么是做国王，什么是做人。"300多年后，这一切有什么重大的改变吗？没有。所不同的是，现代人不想打仗，不想做国王了，人们想得更多的是钱，是色，是名，是国王以下的官位，是一切虚浮而功利的东西。"我们是如此之狂妄，以至于我们想要为全世界所知，甚至于为我们不复存在以后的来者所知。我们又是如此之虚荣，以至于我们周围五六个人的尊敬

青少年必知的西学经典

就会使得我们欢喜和满意了。"其实《思想录》早就告诉我们，我们不只是一些脆弱的苇草，我们更是一些平庸的苇草，是深深地沉湎于世俗的苇草，湿漉漉的叶片坠满了简单而低层的欲望。也许，这是普通的芸芸众生不可超越的命运。

因而我们这个世界需要哲学家和思想家来澄清一些迷惘，毕竟不是所有的人都满足于人生表面的光怪陆离和虚华。我庆幸自己还算是一个热爱思想的人，我不喜欢没有思想的文章和艺术，不喜欢没有内涵的任何东西，我向他们学习思索，在他们的书中检验自己的分量。帕斯卡尔的《思想录》使我得到了彻彻底底的满足。也许人们会想，思想是多么累人的一种生活啊，可不管它由于本性是何等的伟大，也不管它由于缺点是何等的可笑，正是它使我们有别于其他动物，并持有一份尊严。既然人是一根脆弱的苇草，那么思想的纤维不是可以让这苇草结实一些吗？（佚　名）

DASHI CHUANQI 大师传奇

帕斯卡尔是一个天才式的人物，当他还是一个11岁的不谙世事的少年的时候，就写了论文《论声音》，发现了欧几里得第三十二命题，16岁写了《论圆锥曲线》，完成了帕斯卡尔六边形定理。关于数学的问题，关于物理学的问题，在很早的时候就吸引着这个少年的兴趣，这兴趣使他提早地开始了自己的科学生涯，19岁制造了计数器，为计算机的发明奠定了基础，

pascal语言就是以他的名字命名的，以后他又提出了"帕斯卡尔三角形"，发现了密闭流体能传递压强的物理学定律（帕斯卡尔定律），他还发明了注水器、水压计，改进了气压计，这是科学界的幸运。然而这位天才的命运却是悲惨的，母亲在他3岁的时候离开了他们，9岁时，尽职的父亲带着他走出了故乡克勒蒙，去往巴黎。这是最早根植在他生命中的矛盾因素，这些因素长久地储存在心底，家乡美丽的原野、农田与周围的火山遗迹形成了强烈的对比，冷静与热烈的自然状态给他敏感的心灵以强烈的震撼，并沉淀在体内，静静地等候着他的成长。有一天这种冷静与热烈的状态相遇了，义无反顾地把他引领向矛盾的彼岸，推至思想的巅峰。

他不知道母亲是谁，姐姐扮演了母亲的角色，尽管逼真，却是一种错位。他爱自己的姐姐和妹妹，与她们相依为命，姐姐母亲般的关怀和与妹妹心有灵犀的思想通融弥补了幼年的不幸，但是他心底永远都空余了一个位置，那位置无人可以替代，即便姐姐对他关怀无微不至直至生命的最后时刻。失去母亲的经历使他在潜意识中一直都处在惊恐之中，他不能再失去任何一个亲人。而妹妹雅奎琳即将出嫁的时候受到哥哥的影响，在父亲去世的时候进了修道院。他与妹妹之间一直有着一种相通，一种思想上的高度一致，他们互相认同、互相鼓励，在交流中相互影响。自己对上帝的皈依使得妹妹遁入基督，这使他深感内疚，进入了另一种矛盾。他热爱上帝，把

自己交付给上帝，但是当妹妹追随自己投身上帝的时候，他知道自己从此失去了妹妹。父亲和妹妹，生命中两个挚爱的人相继离去，他陷入了极大的孤独和绝望，爱与失去构成的矛盾深深地折磨着他。

那个爱过他或者被他爱过的人是谁？无人知道。但是，谁都相信他曾经真实地爱过，他的《论爱的激情》对爱情同样抱有极大的矛盾，在赞美的时候担心，在追求的时候恐慌，他把自己又一次置于矛盾的境地。"如果一个男人心灵中有什么地方是温柔的，这个时候他是处在爱情中"，他在说爱的箴言，还是在表白自己？当他意识到自己心灵那片温柔的时候，他又矛盾地看到"以爱情开始而以野心结束的一生是幸福的"，他的野心是指思想吗？思想，人的全部尊严就在于思想，他的爱屈尊于他的思想。在《思想录》中他坦言道：爱情的结果是可怕的。在赞美爱情的时候他开始害怕爱情，这种矛盾的结果使他终身未娶。他逃离了爱，却成全了思想。

他31岁时的一天，他乘坐的马车坠入塞纳河，远去的河水带走了两匹马，而他却奇迹般地存活了。他要感谢，感谢命运，感谢一种拯救他生命的东西，这种东西模糊地站在自己的前方，这么多年来自己竟是无端地放过了对这东西的认识和思考，于是那一夜，他坐在昏暗的灯光下，静静地翻开了《新约全书·约翰福音》。当他反复咏诵这些经文的时候，他感到了一种召唤，他逐步走进一种状态，开始痴迷于书中的一切。他的思绪飞泻，直扑而来，那一夜到底发生了什么？没人知道确切的细节，但是那一夜在他短暂的生命里却构成了一个转折点。他的身体日趋衰退。逐渐地，他离上帝近了，离生命远了。"思想，人的全部尊严就在于思想。"当我们在昏暗的夜灯下细读他的思想和他的人生经历的时候，我们知道，那一时刻他离生命很远，但是离我们很近。

帕斯卡尔一生的主要著作是《思想录》和《外省通信》。后者常常被看做是法国古典主义散文的奠基之作。《外省通信》写于1656年1月至1657年3月，起因于冉森派与耶稣会的冲突。帕斯卡尔代表冉森派，以"蒙达尔脱"的笔名，假托写给一个外省朋友，在信件中揭露和抨击了耶稣会士的道德松弛倾向，捍卫了冉森派的立场。我们在其中可以看到帕斯卡尔特有的明快有力、步步紧逼的论辩方法。

* * * *

在西方思想史上，以随笔的形式谈论人的思想的，还有蒙田的《蒙田随笔集》。一个国家即使有诗、戏剧以及后来的小说，如果没有像样的精美散文，就称不上文学大国。蒙田开创的随笔为散文开拓了最高级的文学形式，而且以其直截了当、言之有物、极富启发性的特点而为其他散文的写作树立了标准和榜样。

青少年必知的西学经典

伦 理 学

斯宾诺莎　Spinoza(荷兰　1632 年－1677 年)

> 没有哪位哲学家比他更高尚,但也没有哪位哲学家比他更遭到诽谤与憎恨。为真理而死难,为真理而生更难,要达到斯宾诺莎的哲学成就是不容易的,要达到斯宾诺莎的人格是不可能的。世界上只有一个斯宾诺莎,也只有一部《伦理学》。
>
> ——英国哲学家　亨利·米勒

在人类浩瀚如烟的哲学著作中,有一位哲学家的著作非常特殊。阅读他的哲学著作仿佛就是阅读一本数学著作,因为他的著作,是用数学推理的方法来论述哲学问题的。其中最为著名的一本就是《伦理学》。他就是 17 世纪荷兰杰出的唯物主义哲学家——斯宾诺莎。

斯宾诺莎的一生是短暂的,仅仅活了 45 岁,但斯宾诺莎的一生是美好的,尽管他给同时代人的印象是平淡的。他抛锚在平静的思想海洋中,对于搅乱没有哲学的同代人心灵的荣誉、金钱、权力等漠不关心。斯宾诺莎的一生,是为真理和自由奋斗的一生,为人类的进步和正义事业奋斗的一生。斯宾诺莎以其高尚的人格,温厚可亲的性情,道德上的至高无上,窥破了笛卡儿那庞大的哲学体系,跳出了常识的圭臬。斯宾诺莎哲学的泛神论特征,不仅冲击了神学家和经院哲学家的思想,而且也有别于培根和笛卡儿的哲学。但也正因为如此,他对西方近代的哲学和文学艺术产生了巨大的影响。黑格尔甚至说,斯宾诺莎哲学是所有哲学研究的重要开端,所以,"要么是斯宾诺莎主义,要么不是哲学"。评论虽高,斯宾诺莎确实当之无愧。

斯宾诺莎的《伦理学》所阐发的哲学思想在近现代欧洲哲学史上产生了多方面的影响。其中蕴涵的唯物主义自然观鼓舞着 18 世纪的法国唯物主义者和德国启蒙思想家,许多思想家通过他指出的神即自然的道路走向了无神论。黑格尔甚至曾说:"要开始研究哲学,就必须首先做一个斯宾诺莎主义者。"恩格斯也高度评价斯宾诺莎的实体论、自因论以及关于一切肯定同时是否定、自然是认识了的必然性等观点，称他的哲学为"当时哲学的最高荣誉"，把他誉为近代思想史上的"辩证法的卓越代表"。

斯宾诺莎向我们指出的打破传统的道路就是走向智慧之宫。然而，他自己走的道路在哲学史上大概是绝无仅有的，再没有像斯宾诺莎那样能忍受孤独和贫困的人了。然而，正是这份孤独，培养了他的坚强意志；正是这份贫穷，培养了他敢于破除权威的勇气。斯宾诺莎既贫困又富有，他是物质上的贫困者，精神上的富有者，他创造了独特的哲学体系。

旷世杰作

《伦理学》是唯物主义大师斯宾诺莎的代表著作，其书共分为五个部分，构成了他的完整的哲学体系。

第一部分论述了他的实体学说，阐明了宇宙间除了自我依赖的实体以外，没有别的东西。斯宾诺莎在这部著作中，首先推翻了宗教关于人格的理论。这一部分的标题是"论神"，而实际上斯宾诺莎提出了自己的实体学说，他明确提出，神不是别的什么东西，它就是自然。把创造主与创造物、神与自然分离开来，还会陷于其他种种自相矛盾之中。为了取代超自然的神的观念，斯宾诺莎提出了"实体"概念。人是这个自然实体的一种样式，因而人的本质是由自然属性构成的。这是其哲学体系中最基本、最核心的范畴，并由此形成了他的丰富的实体学说。第一，实体是万物的本原，万物是实体的具体表现形态。第二，实体是万物的原因，是万物的规律性的根源。第三，实体是属性的总体，是作为整体理解的自然，而属性是实体本质的、根本的特征。这是他的哲学思想的基础。斯宾诺莎首先直截了当地给自因、实体、神等八个概念作了界说，又直接提出了七个公理。然后他提出了36个命题和一些绎理，并根据定义和公理加以详细的证明。

第二部分论述他的唯理论的认识论，阐明了观念的性质和起源，说明人的理性是可以认识自然的。他认为人类认识和获得知识的方法为以下三种：第一种知识是意见或想象，这是一种由直接经验和间接经验而来的感性知识。第二种知识是推理的知识，它是以事物的共同概念和正确观念为依据进行推论而获得的科学知识。第三种是"直观"知识，它直接从实体、自然的本质观念出发，进而达到对事物的本质认识。这部分与第一部分论题密切相关。斯宾诺莎对心与身的关系，认识的各种途径以及真理标准等作了论述。他提出人是实体的一种，是心灵与身体的统一体。人有认识事物的能力，并且作为认识对象的客观事物也是思想属性的广延属性的统一体。他还认为认识的对象是实体及其样式，即自然界中的一切实在的事物。感性知识是没有确定性的，不可靠的，只有"推论"知识和"直观"知识才是可靠的。

第三部分论述人的情感和意志的性质和起源，阐明人的被动的情感出于不正确和混淆的观念，最后得出人心是能够认识整个世界的本质的。心灵与身体的关系是同时发生的同一关系，而

青少年必知的西学经典

不是决定与被决定的因果关系。心灵并不是一个单独的实体，所以也是不存在心灵对肉体的支配关系的。自我保存是人的自然本性，心灵的首要的基本的努力就是肯定自我的存在。人的意志和情感都是这种保存自己的努力的不同心理反应形式。

第四部分论述道德的基础，善恶的标准，阐明人在盲目的情感支配下的奴役状态和在理性指导下的符合人性的道德生活。斯宾诺莎认为，保存自我的努力是德性的唯一的基础，这是由人的本性决定的，每个人都是趋善避恶的，而善恶的标准在于是否有利于保持自我的存在。善与恶并不是事物本身的属性，因为同一事物可以同时既善又恶，或不善不恶。人们是根据对自己的利害去判断事物的善恶的，所以善与恶只是人的"思想的样式"。他认为，人们若受情感的控制，则不能与自己的本性相符合。只有在理性指导下的生活才是最合乎道德的生活。

第五部分作为《伦理学》最后一部分，论述了最高的道德境界以及达到这一境界的道德修养途径，得出了至善就是人对自然的认识，道德的修养过程就是认识真理的过程的结论。人的心灵克制情感的力量在于理解情感。只有正确认识世界，按自然规律生活，不为情感所支配，才能达到人生的圆满境界。其求善的过程也就是求真的过程。主动的心灵能与整个自然相一致，从而获得自由。他从实体（神或自然）出发，通过认识这一途径，变被动的心灵为主动的心灵，变外在的必然性为内在的必然性，从而达到人的自由和幸福，这就是斯宾诺莎的思想体系。

人类幸福的灯塔

在人类思想史上，有一百个哲学家，就会有一百种研究哲学的道路。有些思想家，是从物理学的问题走向哲学的，有些思想家是从纯粹数学的问题走向哲学的，还有些思想家是从逻辑或形而上学的问题走向哲学的，但斯宾诺莎则是从人的行为问题走向哲学的。确实，没有一个伟大的思想家会对人生的归宿问题无动于衷，但也同样没有几个思想家会像斯宾诺莎那样清楚明白地感受到其紧迫性。斯宾诺莎并不是把它作为一个理论问题来做纯学术的探讨，或自认为是人生导师需对它挥笔指点一番，而是为了他自身感受到的紧迫性，为了作为哲学家的社会责任感。

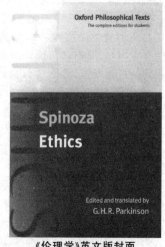

Oxford Philosophical Texts
The complete editions for students

Spinoza
Ethics

Edited and translated by
G. H. R. Parkinson

《伦理学》英文版封面

我们知道，英国哲学家休谟曾经写道，当他走出沉思的书斋而步入现实的世界时，他就把他的哲学置之脑后了，因为他的哲学与世俗现实之间存在着巨大的鸿沟而不可逾越。

但是，斯宾诺莎是以一种求真求实的态度来研究哲学的。他甚至可以连续三个月闭门不出，精心构造他自己和其他人都能"真正"生活在世界上的哲学。他忘我地努力唤醒早已为人们所淡漠的人的理性良知，去探索崎岖不平的心智发展历程，以求得人生的哲学回归。

斯宾诺莎的哲学具有明显的伦理化的倾向，可以说，他首先是位道德学家，而后才是位哲学家。他公开宣称："我志在使一切科学都集中于一个目的或一个理想，就是达到……最高的人生圆满境界。"正是由于高度重视伦理学，把伦理学作为自己思想体系的最后归宿，所以，斯宾诺莎才把自己最重要的著作叫做《伦理学》。斯宾诺莎作为一位先进的思想家，他试图站在时代的前列，给人们提供一种"新的生活的指针"，规劝人们树立并实践一种新的人生哲学和幸福观，即把对知识的追求看做是心灵的最高幸福，看做行为的真正的善。因为对知识的追求和获得，可以使心灵经常欢欣愉快，不会受到苦恼的侵袭。

斯宾诺莎认为，人们要有效地获取幸福，首先必须要致力于追寻一个"不变的"和"共同的"善。我们常常碰到的现实生活中所谓"善"的事物，如财富、荣誉、感官的放纵都是虚幻和无益的。

人们必须摆脱常识的束缚，办法就是寻求一种"善"，它既不是琐碎的，也不是变动不居的，而且所有的人都可以享有它。这是最值得我们希望和全力以赴去寻找的东西。这个最高的"善"就是人类对作为存在的整体的神或自然的直观认识，以及由此而产生的最大幸福。

要实现幸福，斯宾诺莎建议我们，还必须理解我们自身。人们应该相互帮助，以达到自身体力和智力的充分发展。真正幸福的人，他必将慷慨地对待别人，因为，他知道这样会给别人带来幸福，也会使别人最慷慨地对待自己。

斯宾诺莎还认为，我们想象分享对神的爱的人越多，在我们心中对神的爱就越强烈。对"善"的追求并非是个人的所有物。真正的快乐和幸福在于享受善的东西，而不在于自认为只有自己一个人享受它。爱、愉快、幸福，这些灵魂的财富只有慷慨地与别人分享时，才能最好地享受。因此，为了你自己，你也必须爱他人、爱人类、爱神。这就是我们到这个世界上来的缘由。

同样，从人类与整个世界的关系来看，我们人类只不过是宇宙大机器上的一个齿轮。推动这个机器的是永恒的神的力量，这个机器按照神圣的自然法则运转。我们只有意愿，而没有绝对自由意志。也就是说，我们的一切行为，就像我们的容貌和肌肤，完全依赖于远远超出人类想象能力的自然力量。我们知道我们不该做什么，但我们没有自由或力量不那样去做。我们被允许在生活的戏剧中做有兴趣的观众，但我们对它的导演却没有发言权。我们的灵魂应保持平静，不要胡思乱想。我们的最大幸福，就是对神的认识。那些希望神对他们的正当生活和高尚行为如同对不折不扣的服役一样给予报答的人，离美德的真正价值是何等的遥远啊！同时，我们对于命运的转换要镇静地对待和忍受，要拿出笑的勇气，要学会自我满足。一切事物都是依照同样的必然性出于神的永恒的命运。

这样，人只有在神的这个永恒体系中，才能理解自己存在的真正价值。对神的理智的爱使我们理性的生活成为永恒的喜悦，它是给予我们存在以真实意义的最重要的情感。有了爱，死亡的痛苦就会消失。每个人的生命像池塘中的月光，朦朦胧胧很美，但池塘干涸了，这种美感消失了，人的生命也终结了，但月光照样洒向大地，创造着新的美感。所以，个别人的身体死了，但宇宙的灵魂还活着。

因此，每个人的存在都是神圣统一体的一个有联系的部分，个人死的时候，他的灵魂就像一滴水回归大海，像秋天随风飘落的一片片树叶化入泥土，像一个崇高的思想离开理性的联系而进入永恒的历史体系之中。然而，你也是生命之书中重要的一页，没有你，这部书就是不完整的。你有自身做人的一切权利，这是最高神性所赋予的。

由上述可以看出，斯宾诺莎以神为宇宙中心的观点得出了一些令平庸的心灵讨厌的结论。要想宇宙以人为中心，安排得适合人的目的，是无根据的。但是，妄称我们完全知道神的目的，同样也是无根据的。对于斯宾诺莎而言，神不是否定，而是对知识的理想的完成，神不是一个无知的避难所，他是真实解释的根据，和真理是同一个东西。对神的永恒和无限的本质有充分的知识是人的心灵的本质要求。

斯宾诺莎的哲学在他去世后的整整100年内基本被遗忘了，一直到康德之际，在各种重压的冰山之下，斯宾诺莎哲学再次出现了躁动，融化着冰山，发挥着光和热。作为近代理性主义的代表者，在现代思想史的发展中处处可以听到他的声音、看到他的踪迹。（佚名）

不朽的杰作

《伦理学》一书是斯宾诺莎一生哲学思想的结晶。该书所阐述的实体、属性和样式的学说，是17世纪西欧先进的唯物主义哲学思想发展的总结，它肯定了唯一独立存在的自然物质实体是各种物体相互联系的整体，坚持了从世界本身来说明世界的唯物主义观点。《伦理学》一书绝不是作者一时心血来潮的偶然作品，不论从思想内容和表达形式来看，它都是时代的产物。斯宾诺莎生活在17世纪的荷兰，他的祖国推翻了西班牙外来统治和本国的封建统治，建立了欧洲第一个资产阶级共和国，资本主义有了较快的发展，由此也推动了科学、艺术和哲学的发展。但是当时的封建贵族和教会还有相当大的势力，这在当时形成了特殊的社会环境：一方面是新的资本主义生产关系以及新的自然科学、新的哲学的发展；一方面是旧的封建传统还有强大的势力，宗教和神学仍把持着意识形态领域。作为新兴资产阶级思想的代表，斯宾诺莎大胆地和宗教神学展开了斗争,用一种合乎理性、合乎自然的道德律,来代替宗教对伦理道德生活的解释。所以,《伦理学》的产生无疑是他顺应历史潮流,呕心沥血的产物。

《伦理学》当中包含着很多的辩证法思想,特别是自由是必然性的认识等辩证法命题,对后来的辩证法的发展作出了积极贡献。但是整体来说,该书占支配地位的仍旧是机械论的和形而上学的观点,如把实体看做是某种静止的、不发展的东西等。

这本著作突出地阐述了唯理论的认识论思想。它肯定了认识主体和认识对象都是客观存在的物质,提出了心身同一论以及真观念的内在标准与外在标准的学说,企图克服笛卡儿的二元论,将真理的符合论与融贯论统一起来。这些方面表明斯宾诺莎的唯理论具有唯物主义性质。伦理道德思想无疑是《伦理学》一书的主要内容,也是斯宾诺莎哲学的目的所在。斯宾诺莎的哲学以伦理学为原则,从哲学出发来批判宗教神学。他的哲学研究对象就是

《伦理学》英文版封面

大自然。自然也即神,是唯一实体。他渴求通过实体唯一论来解决文艺复兴以来兴起的自然主义精神、宗教及经院哲学所奉行的超自然主义精神的矛盾。最终,他通过对神的理智的爱,获得科学的知识,走出自由和必然的著名迷宫,达到至善的道德境界,实现人类的幸福。斯宾诺莎的哲学体系是从神开始,最终以神为终结。在他看来,当人沐浴在神的光芒之中时,就应该秉承神的意志,完成人的使命,最后走出神的境地。因此,他是位理性主义者,而非神学家。

斯宾诺莎强调人的理性的力量,相信理性的力量能在世界上建立起人的幸福生活,这是具有很大的进步意义的。但是他把理性当做目的本身,认识最高的美德是认识自然,要求人们冷静地对待与忍受我们生活中的幸与不幸,要人们对必然的东西不应该有所抱怨,这种顺应现实的态度,则又是消极的。

《伦理学》的表述方式是非常特别的,它不同于其他哲学著作的表达方式,而是采用"几何学的方法"写成的。即是先确立定义,提出公理,然后在此基础上演绎出各个命题和原理。斯宾诺莎之所以采用这种方式是和当时的科学发展水平相关的。在当时,力学是发达的学科,而了解力学的钥匙是数学,所以数学方法成了认识宇宙最重要的方法。而且,数学论证的严密逻辑性也让人折服,这就使一些思想家在肯定数学方法的优点的同时,想把数学的演绎方法运用到自然科学和社会科学的其他领域。比斯宾诺莎稍早的哲学家笛卡儿就提倡用数学公理方法建立一

切知识体系的要求。斯宾诺莎认为用几何学方法来考察人类的行为和欲望，把人的思想、情感、欲望等当做几何学上的点、线、面一样来研究，以建立起一个合乎理想的、合乎自然的伦理学是完全可能的。故此，《伦理学》便仿照几何学的体例，有定义、有公理、有定理，公理后面的一切都认为由演绎论证作了严格的证明。这样才有了这本体例卓然不群的旷世名著。（佚　名）

大师传奇

斯宾诺莎，这位荷兰杰出的唯物主义哲学家和伦理学家于 1632 年 11 月 24 日出生于阿姆斯特丹的一个犹太商人家庭。他的上一代经由葡萄牙迁徙到荷兰，从当时整个欧洲的政治环境来说，都不是特别自由。但是荷兰相对而言是个开明民主的地方，在这里犹太人逃脱了迫害，享有相对的自由，包括斯宾诺莎的父亲在内的许多犹太人活跃在荷兰的商业界。

斯宾诺莎

幼年时的斯宾诺莎就读于犹太教会学校，在资产阶级的新思想的影响下，他对旧约和中世纪经院哲学产生了怀疑，从而转到专心研究笛卡儿和布鲁诺的学说，深受这些学说的启发。从此，他拒绝了父亲要他经商的意愿，放弃了应继承的遗产，移居到以无神论著称的凡·恩登的学校专门从事哲学研究。他公开反对宗教教义，怀疑上帝、天使和灵魂的存在，宣传无神论思想。比如，他说，神就是自然，灵魂就是呼吸，随肉体的死亡而死亡。天使不过是人心中的幻想。他这些出格的言行令教士们大为惊恐，于是他们决定威逼利诱他。他们答应每年给他金币 1 000 盾，要他安分守己地和他们在一起，可是斯宾诺莎不为所动，因此不断遭到教会的迫害。1656 年教会开除他的教籍，并"特告诫所有的人，不要与他开口交谈，不要与他通信往来"等。但当时年仅 24 岁的斯宾诺莎并没有屈服，也没有皈依任何宗教，他改名为涅狄克特，隐居于荷兰各个市镇，最后定居海牙，以教书和磨眼镜片勉强维持生计，继续坚持科学研究和哲学著述活动，坚持反宗教的斗争。他虽只活了 45 岁，却写出了不少著作。主要的哲学著作有《知性改进论》、《笛卡儿哲学原理》、《神学政治论》和《伦理学》等。

《伦理学》一书是斯宾诺莎的主要著作。它全面地阐述了他的哲学思想、伦理学思想和社会政治思想。该书从 1662 年开始写起，花费了十几年的时间和精力写成。1676 年他将该书带到阿姆斯特丹出版，尚未付印，社会上就流传着一种说法，称该书的目的在于宣传无神论的思想。这使斯宾诺莎意识到：神学家和笛卡儿派哲学家们正躲在一旁伺机攻击他，于是他决定将出版计划搁置下来。1677年2月20日，斯宾诺莎死于肺结核病，在斯宾诺莎去世的同年冬天，他的朋友出版了《伦理学》这一名著。正像他自己在论永生时谈到的"人类的心灵不会随着肉体的消亡而完全消亡，它的某一部分仍将永存"，斯宾诺莎的一生有着犹太民族漂泊的投影，是人类智慧纯度极高的结晶。他也无愧是在精神上最接近永恒的人。

延伸阅读 YANSHEN YUEDU

《知性改进论》 斯宾诺莎早期的作品，是他关于方法论和认识论的著作。这是一本没有完成的著作。虽说没有完成，却仍然是一篇可以告一段落的、内容丰富的独立的论文，并且可以当做他的中心著作《伦理学》的导言来看。在本篇他自己所加的小注中，有几处常常提到"我将于我的哲学中加以说明"。这里所说的"我的哲学"即指他当时胸有成竹、计划要写的《伦理学》一书而言。《知性改进论》作为方法论来看，是斯宾诺莎在这一期间认真学习和研究培根的《新工具》和笛卡儿的著作，特别是他的《方法谈》所提示的方法问题的继承、发展与批判。在这部书中，斯宾诺莎深刻思考得出的结论是：人们要从物质当中获得长久的幸福是不可能的，永恒的幸福只能从对知识的不断渴求和掌握中获得。那么关于如何知道我们追求的知识是正确的、可靠的，斯宾诺莎的解答是，在做一切事情之前我们应该先想办法改进和澄清我们的知情。他又将知识的形式按优越程度区分为：靠传闻或纯粹经验得来的知识；直接演绎，通过推理得到的知识；最好的，也就是来自推理和感觉两方面共同的知识。斯宾诺莎在他《知性改进论》著述的一开始就明确倡导这个思想。

* * * *

《神学政治论》 是斯宾诺莎的另一部著作。此书由三个部分组成：如何对待和接受《圣经》；《圣经旧约》的研究；政治评论。作者在这本书中第一次提出：研究《圣经》只能以《圣经》本身为根据，人们都应该自然地以普遍理性出发，《圣经》的教义与人类的理解力并没有不合或矛盾之处。从而驳倒了神学家们的种种神秘的说教，摧毁了教会统治的基础。被称为"自然神论者"的斯宾诺莎写此书的意图当然是修改人们对《圣经》的解释以便提高神的本来地位，这流露出斯宾诺莎的先知性格。从第三部分可以看出，作者在本书中提出了所有的论点归根结底是为了论证他的资产阶级政治哲学主张，他提倡天赋人权的学说、社会契约说、信仰自由和言论自由，认为"民主政府"，即资产阶级的民主政治是最好的政府等。在资产阶级上升时期反对教会和经院哲学的斗争中，这一部分著作起了进步的作用。

青少年必知的西学经典

论法的精神

孟德斯鸠　Montesquieu（法国　1689 年－1755 年）

> 孟德斯鸠是一位反对中世纪经院哲学的英勇战士，是一位在法国为行将到来的革命启发过人们头脑的杰出的启蒙思想家，《论法的精神》是一部美妙的著作，孟德斯鸠的法制、宗教以及一个国家里面的一切构成了一个整体的思想，是一种伟大的见解。
>
> ——马克思

1748 年，一部有关法学的专著在巴黎出版后，立即引起了轰动。法国启蒙运动的先驱伏尔泰称它是"理性和自由的法典"，赞赏不已。巴黎大学和主教会议则一致要求把它列为禁书，耶稣会教士更发起了对它的围攻。就在社会舆论对此争论不休的同时，这部作者用了 22 年的心血所写成的巨著，在读者的一再要求下，在两年内恰好发行了 22 版，创下了一个前所未有的纪录。这部书名为《论法的精神》，其作者便是法国 18 世纪资产阶级杰出的思想家孟德斯鸠。

孟德斯鸠作为法国启蒙思想运动的代表人物，资产阶级国家学说和法学理论的奠基者，成为当时进步的资产阶级向腐朽的封建主义英勇进攻的坚强斗士。孟德斯鸠反对神学，提倡科学，但又不是一个无神论者和唯物主义者，而是一名自然神论者。他为资产阶级的国家和法的学说做出了卓越的贡献，他在 1748 年发表了重要著作《论法的精神》。这部影响人类社会发展进程的学术名著内容丰富，体系完整，论点严密，一经问世便震撼了世界。这部著作凝结着孟德斯鸠一生的心血，也是他的代表作，不仅使他蜚声世界，而且作为人类进步传统的重要组成部分载入史册，成为人类宝贵的文化遗产之一。在这部著作中，他在洛克分权思想的基础上明确提出了"三权分立"学说。他特别强调法的功能，他认为法律是理性的体现，法又分为自然法和人为法两类：自然法是人类社会建立以前就存在的规律，那时候人类处于平等状态；人为法又有政治法和民法等。孟德斯鸠提倡资产阶级的自由和平等，但同时又强调自由的实现要受法律的制约,政治自由并不是愿意做什么就做什么。他说:"自由是做法律所许可的一切事情的权利;如果一个公民能够做法律所禁止的事情,他就不再有自由了,因为其他的人也同样会有这个权利。"

孟德斯鸠留下的《论法的精神》没有随着岁月的沧桑而湮没无闻,反而因为其中充盈的智慧与理性之光而愈加光华夺目。

旷世杰作

《论法的精神》分上、下两册,共6卷31章,是法学发展史上为数不多的鸿篇巨制。它以法律为中心,又涉及经济、政治、宗教、历史等领域,内容极为丰富。特别是它以独特方式研究和论述了法理学、宪法学、刑法学、民法学、国际法学等一系列课题,成为一部独一无二的法学百科全书。

探寻和阐释法律的精神,是本书的中心内容,也是它对法理学的最主要的贡献。孟德斯鸠主张从法律与其他事物的普遍联系中探求法律的精神实质。他认为法律与国家政体、自由、气候、土壤、民族精神、风俗习惯、贸易、货币、人口、宗教都有关系,法律与法律、与它们的渊源、立法者的目的以及作为法律建立的基础的各种事物的秩序也有关系,把这些关系综合起来就是法律的精神。因此,"从最广泛的意义来说,法是由事物的性质产生出来的必然关系。在这个意义上,一切存在物都有它们的法"。法律与政体的联系:首先政体如何与有无法治直接相关。专制政体意味着恐怖、专横和暴力;君主政体虽由单独一人执政,却遵照固定的和确立了的法律;至于共和政体,它是全体人民或仅仅一部分人民握有最高权力的政体,不待说是有法治可言的。其次,政体对立法权的归属有重要影响。在实行民主政治的共和政体下,"有一条基本规律,就是只有人民可以制定法律"。在实行贵族政治的君主政体下,君主和少数贵族握有立法权。在专制政体下,则无所谓立法权。法律与自由的统一:在法治国中行政权没有专横垄断的余地,因而只有在法治国才有自由。一个人只有受法律支配才有自由,我们自由是因为我们生活在法律之下。自由不是可以任意胡作非为而是法律范围内的自由。法律与自然地理环境的关系:这是《论法的精神》在法理学上独树一帜的一个主要标志。孟德斯鸠非常强调自然地理环境对社会政治法律制度的作用,甚至认为这种作用具有决定性。他认为,在拥有广阔平原的亚洲不能不实行专制,炎热的气候和肥沃的土壤使人们懦弱而不能维持自己的自由;相反,贫瘠的土壤和寒冷的气候能磨炼人的意志和性格,使人勇敢、坚强而一心捍卫自由。所以,立法者在制定法律时首先要考虑这些因素。

孟德斯鸠憧憬的理想王国是实行立宪、分权和法治的国家。论述这个理想王国是《论法的精神》的一个基本内容。他认为,必须抛弃残暴的专制政体。以"品德"为原则的共和政体与自由、平等相通固然有值得称道之处,但也不尽理想。最好的政体是以"荣誉"为原则的君主立宪政体，因为它的直接目的是政治自由，而实现政治自由就必须实行三权分立。他认为不分权就谈不上公民自由。他主张由资产阶级掌握立法权并监督行政权；行政权由君主掌握，君主有权否决立法但无权立法，只能按法律办事；司法权由独立的专门机构来行使。在此基础上，孟德斯鸠还提出了三权互相制约、反对滥用权力的理论："要防止滥用权力，就必须以权力约束权力。"

在书中，孟德斯鸠还论述了部门法理论。关于民法理论，他认为民法是以私人利益为目的的，其宗旨是使人类获得财产并加以保障。如果"公家需要某一个人的财产的时候，绝对不应当凭借政治法采取行动；在这种场合，应该以民法为根据"，因为"在这种场合，公家就是以私人的资格和私人办交涉而已"。民法调整契约、继承、婚姻等所产生的一系列财产关系，主张男女在婚姻和财产关系上应该平等。关于刑法理论，他反对以思想言语定罪，提出了罪刑相应原则，主张在刑罚中实行人道主义，即"惩罚应该总是以恢复秩序为目的"。

孟德斯鸠的《论法的精神》是资产阶级法学最早的经典著作，它不仅为法国和其他国家的资产阶级提供了理论武器，而且也为资产阶级国家和法律制度的建立提供了模式和原则，追求自由、主张法治、实行分权的理论后来分别载入法国《人权宣言》和美国《独立宣言》。

❀ 法律的公正是人类的福祉

孟德斯鸠所处的时代是 17 世纪末和 18 世纪前叶，此时正值法国封建主义和君主专制从发展高峰急剧走向没落的时期，统治阶级以极其残忍的手段压迫广大人民，宫廷和贵族极尽奢侈，民众却在饥寒中挣扎，长期的战乱、苛政使农民起义此起彼伏，政治、经济危机愈演愈烈。工业革命在法国逐渐兴起，工业资产阶级的利益与专制主义的冲突日益尖锐，资产阶级革命的时机进一步成熟。另外，思想领域的革命也为孟德斯鸠理论的形成做好了较为充分的思想准备。英国培根的实验主义，法国笛卡儿的理性主义对他产生着深刻的影响。一大批进步的史学家、科学家、哲学家、作家和进步人士为新兴的资产阶级奔走呼号，他们激烈地抨击封建主义腐朽的社会秩序。英国资产阶级革命的思想也被广泛接受。这都为《论法的精神》的诞生打下了坚实的社会基础。

孟德斯鸠在《论法的精神》中的理论贡献体现在以下几个方面：(1)他摒弃了以前的资产阶级思想家在社会观念上的一成不变的、形而上学的方法论。他以史为鉴，以世界古今各国社会政治制度为依据，他认为人类社会是一个演变的过程。虽然他并没有发现社会发展的规律，却也将进步的社会理论向前推进了一大步。(2)理性论是孟德斯鸠政治法律哲学中最基本的理论。这一理论在当时神学一统天下的时代中，犹如一枚重磅炸弹震撼了封建主义和专制暴政的营垒——黑暗的教会统治。他不但将科学与神学加以区分，而且将上帝和人截然分开。因此在他的具有辽阔视野的、包罗万象的、建立在人类自然知识基础之上的国家和法的理论领域里，完全没有上帝和神学的立足之地。由此所得出的结论是：他的理论以其鲜明的战斗性向欧洲愚昧的神学主义发起了猛烈的进攻，具有伟大的历史使命感。

孟德斯鸠在《论法的精神》中的著名政治理论有以下三个方面：(1)关于政治分类的学说。他将政治体制划分为共和、君主、专制三种。他认为这三种政体的原则分别是品德、荣誉和恐惧。尽管这一结论并不完备，但是他的许多精辟的、富有启发意义的论断

《论法的精神》英文版封面

以及鞭笞专制政体和封建主义罪恶的绝妙笔法，他的无畏和机敏无疑起到了振聋发聩、警醒社会和民众的积极作用。(2)分权说和君主立宪。孟德斯鸠崇尚英国的君主立宪，他提出了行政、立法和司法的分权理论，他认为三权相互制衡，才能保障公民的自由。他的分权说并非空洞的政治理论，而是顺应时代的步伐，提出的具有实际意义的政治纲领，其实质在于"阶级分权"，在当时适应了新兴资产阶级参与政权的需要。(3)"地理"说。这个著名的理论认为地理环境，尤其是气候、土壤等因素与人民的性格、感情发生直接的关系，法律应考虑这些因素。

《论法的精神》提出了许多关于法律的理论，诸如：反对酷刑、主张量刑适度，刑罚应富有教化意义，舆论威慑可以作为阻止犯罪的工具之一，只惩罚行为，不惩罚思想、语言。他还抨击了所谓攻击教会的亵渎神圣罪以及其他的无理的刑罚。另外，他还提出了一系列关于审判、立证、拷问等诸方面的论说。关于国际法孟德斯鸠也有许多新颖的真知灼见。关于经济理论，他最重要的论断是私有财产是人类的自然权利。在当时这一主张主要是针对教会和封建统治阶级对私人财产的侵占行为而做出的。他还主张兴办工业和商业，反对横征暴敛。他认为劳动是财富的源泉。他竭力反对奴隶制。

总之，孟德斯鸠的学说涉及人类社会的各种基本问题，其宗旨在于反教会、反封建、反暴政，大张旗鼓地倡导资本主义。（佚　名）

政治自由与三权分立

　　和其他的资产阶级启蒙思想家一样，孟德斯鸠也非常重视自由问题。孟德斯鸠的分权学说，是与他对自由的看法紧密地联系在一起的。他把自由看做是一个人的"无价之宝"，认为它是不能出卖的。他把自由区分为"政治的自由"和"哲学上的自由"，认为这两种自由的含义是不同的。"哲学上的自由"是要能够行使自由的意志，或者至少自己相信是在行使自己的意志。"政治的自由"是要有安全，或者是至少自己相信有安全。他从反对封建专制主义的资产阶级立场出发，提出了政治自由的主张。他说："在民主国家里，人们仿佛愿意做什么就做什么，这是真的；然而，政治自由

《论法的精神》英文版封面

并不是愿意做什么就做什么。在一个国家里，也就是说，在一个有法律的社会里，自由仅仅是，一个人能够做他应该做的事，而不被强迫去做他不应该做的事。"自由就是："做法律所许可的一切事情的权利；如果一个公民能够做被法律所禁止的事情，他就不再有自由了，因为其他的人也同样会有这个权利。"

　　在孟德斯鸠看来，让人们敢想敢说，敢于议论政治，这是政治自由极其重要的标志。他强调说："要享受自由的话，就应该使每一个人能够想什么就说什么；要保全自由的话，也应该使每一个人能够想什么就说什么。"他非常赞赏英国的宪法，因为在他看来，英国宪法的直接目的就是政治自由。他认为，英国的君主立宪制乃是实现公民政治自由的最理想的政体。他称英国人是"自由的民族"。他认为，英国是最自由的国家，英国的政治制度是最完美的政治制度。总之，在他眼里，英国乃是一个人人享有政治自由、人人都可以自由地谈论政治的国家。

　　在孟德斯鸠看来，不许谈论政治则是专制国家的重要标志。因为在专制政体之下，不管人们推理推得好或不好，全都是有害的。只要他们推理就足以打击那个政体的原则。因此，那些不满现状而又喜欢议论政治的人大都要受到迫害。那些把自由理解为"极端自由"的"民主政治"的国家和那些存在着奴役自由的"贵族政治"的国家，从性质上来说，都不是自由的国家。政治自由只存在于政治宽和的国家里，而且"它只在那样的国家的权力

青少年必知的国学经典
QINGSHAONIAN BIZHI DE XIXUE JINGDIAN

不被滥用的时候才存在"。孟德斯鸠强调指出："一切有权力的人都容易滥用权力，这是万古不易的一条经验。"而且，有权力的人们使用权力一直到遇到有界限的地方才休止。因此，要防止掌权者滥用权力，就必须"以权力约束权力"。如果没有一种能够有效地防止掌权者滥用权力的政体的话，公民的政治自由和生命安全就根本无法保证了。孟德斯鸠极其深刻地指出："一个公民的政治自由是一种心境的平安状态。这种心境的平安是从人人都认为他本身是安全的这个看法产生的。要享有这种自由，就必须建立一种政府，在它的统治下一个公民不惧怕另一个公民。"他强调说，政治自由的关键在于人们有安全，或是人们认为自己享有安全。

那么怎样才能确保每一个公民都能享有一种安全感，都能享有真正的政治自由呢？他认为，要做到这一点，就必须像英国那样，建立一种实行三权分立制的政府。这就是说，必须使立法权、行政权和司法权分掌在不同的人、不同的国家机关手中。而这样做，就既可以使三种权力互相制约，又可以使三种权力保持平衡，从而使这三种权力有条不紊地、互相协调地行动，并最终建立起真正法治的国家。因此，孟德斯鸠认为，把立法权、行政权、司法权严格区分开来的制度，乃是确保公民的政治自由的必要条件。要不实行三权分立的话，"君主政体便蜕化为专制政体"。

孟德斯鸠强调指出，如果不实行三权分立的制度，公民的政治自由就得不到任何保障。他解释说："当立法权和行政权集中在同一个人或同一个机关之手，自由便不复存在了"，因为这个人或这个机关可以用暴力的方法来执行他们自己制定的法律。"如果司法权不同立法权和行政权分立，自由也就不存在了。如果司法权同立法权合而为一，则将对公民的生命和自由履行专断的权力，因为法官就是立法者。"在孟德斯鸠看来，有些君主国的人民享有自由，有些君主国的人民则没有自由，其关键就在于这些国家是否实行三权分立制。他举例说，欧洲大多数王国之所以政体宽和，这是由于国王只享有前两种权力，而把第三种权力留给他的臣民去行使。而东方的土耳其则不同了，在那里，"这三种权力集中于苏丹一人身上，所以恐怖的暴政统治着一切"。他认为，人民是否享有政治自由，这与政体没有关系。即使是共和国，若不实行三权分立的制度，那也会形成暴政。他举例子说，在意大利各共和国，三种权力合并在一起，所以自由反比我们的君主国还少。因此，为自保起见，这些国家的政府也需要采用像土耳其政府所采用的那种残暴的手段，国家检察官以及告密者随时可以把告密书投进狮子口，这二者的设置就是证明。根据这些情况，孟德斯鸠提醒人们注意，在一切权力合而为一的国家里，人民群众将处于生命财产安全毫无保障的境地，因为，独揽一切权力的个人或机关，既可以用其"一般的意志"去踩踏全国，又可以用其"个别的意志"去毁灭每一个公民。因此，在这样的国家里，即使没有专制君主的外观，人们也时时感到君主专制的存在。因此，孟德斯鸠认为，必须用分权的办法来限制君主的权力，剥夺君主及其政府干预司法事务的权力，以保障人民的政治自由和生命财产安全。

孟德斯鸠的三权分立学说，乃是法国早期资产阶级的政治理论和政治纲领，它表达了法国新兴资产阶级希望参与政治的要求。他的理论对世界资产阶级革命运动产生过巨大而又深刻的影响。他的理论曾被欧美资产阶级革命家用做反对封建暴政的锐利武器，尤其是他关于分权和法治的理论更为一些资产阶级国家所直接采用过。他的社会政治思想，尤其是他的法治思想、三权分立思想以及君主立宪思想，对康德、谢林、黑格尔等许多思想家都产生过不同程度的影响。（侯鸿勋）

《论法的精神》英文版封面

孟德斯鸠，原名夏尔·特·塞孔达。1689 年 1 月 18 日出生于法国波尔多附近的贵族世家，祖父曾任波尔多法院院长。孟德斯鸠从小读书用功，倾向进步。孟德斯鸠在他 25 岁的时候出任波尔多法院顾问。两年后，他继承了伯父的波尔多法院院长的职务，获得了孟德斯鸠男爵的称号，孟德斯鸠的名字由此而来。

孟德斯鸠的生活，经历了路易十四到路易十五两个朝代，这正是法国封建专制统治由盛转衰的时期。他虽出身贵族，但在法院供职的 12 年中，目睹了封建制度的专横、残暴和腐朽，他心中愤愤不平，对法院院长的职务感到厌恶。于是，他开始把主要的精力放在科学研究和从事著述方面，以寻找革新之路。

孟德斯鸠博学多才，对法学、史学、哲学和自然科学都有很深的造诣，曾经撰写过许多有关论文。1721 年孟德斯鸠化名"波尔·马多"发表了名著《波斯人信札》。这部书通过两个波斯人漫游法

孟德斯鸠

73

国的故事，揭露和抨击了封建社会的罪恶，用讽刺的笔调，勾画出法国上流社会中形形色色人物的嘴脸，如荒淫无耻的教士、夸夸其谈的沙龙绅士、傲慢无知的名门权贵、在政治舞台上穿针引线的荡妇等。书中还表达了对路易十四的憎恨，说法国比东方更专制。这部书受到了普遍欢迎。

孟德斯鸠对法院院长的职务并没有多大的兴趣，他热心于科学研究工作。特别是他在各种社交场合里，亲眼目睹上流社会的荒淫奢靡的生活，对封建专制制度失去了信心，积极探求一条全新的道路。为了使自己能专心从事研究，孟德斯鸠于1726年将世袭的波尔多法院院长职位高价出卖，获得一笔巨款，迁居巴黎，并进入法兰西科学院担任院士，专心于写作和研究。他漫游了欧洲许多国家，先后去了奥地利、匈牙利、意大利、荷兰、瑞士和英国，考察了各国的政治、法律、习俗和宗教信仰等各方面的状况。特别是在英国呆了两年多，他考察了英国的政治制度，认真学习了早期启蒙思想家的著作，还当选为英国皇家学会会员。四年的旅欧考察，开阔了孟德斯鸠的眼界，使其获得渊博的知识和丰富的材料。1732年回国后，他住在故乡拉布雷特庄园，闭门整理搜集到的大量资料，潜心从事著书立说。两年后他完成了历史名著《罗马盛衰原因论》的写作，此书运用翔实的资料，打破长期占统治地位的陈腐的宗教观历史学，论证了国家的兴衰是由它的政治制度的优劣和风俗的善恶所决定的。这本书在阿姆斯特丹匿名出版后，立即轰动了欧洲学术界。

1748年，他发表了用22年心血写成的巨著《论法的精神》，立即引起了封建统治阶级和教会势力的恐惧与仇恨。为了对抗敌人的攻击，孟德斯鸠始终紧握着他那支战斗的笔。1754年65岁的孟德斯鸠在旅行途中患病，1755年2月10日病逝于巴黎。

《D大师传奇 DASHI CHUANQI

《罗马盛衰原因论》 孟德斯鸠的重要著作之一，在这本书中他第一次概略地阐述了自己的社会理论，按照他的历史编纂学的观点，古罗马的兴起和衰亡是由它的政治制度的优劣和居民风俗的善恶决定的，孟德斯鸠和所有的资产阶段启蒙思想家一样，他的历史观是唯心主义的。但是他的社会思想对于当时反封建、反君主专制的斗争是有积极作用的。他认为，罗马的兴盛是由于设立了共和制度，以至于政治稳定、充满了活力。自从元老院制度形成以来，罗马无论是内政还是外交，抑或军事都兴盛起来，以至于法律开明、统治者贤智、人民风俗朴质、品德良善。罗马的衰亡则是由于施行君主政体的统治，寡头政治让原本的民主作风荡然无存，不断有暴君出现。对外的掠夺政策、民风的败坏以及军纪的涣散，都让整个罗马社会日益堕落，从此盛世不在。

* * * *

《波斯人信札》 18世纪法国著名的启蒙思想家孟德斯鸠唯一的一部文学作品，是孟德斯鸠化名"波尔·马多"发表的一部著名小说。孟德斯鸠把他在巴黎所见所闻的不合理现象逐日记录，积稿15年，整理成《波斯人信札》。这是一

青少年必知的西学经典

部通过文学形象表达的政论，它揭发和批判法国封建朝廷和社会生活方面的种种弊端。作者假托两个波斯贵族人士到法国游历，从局外人的角度观察法国社会。他们发现法国人熟视无睹的许多荒唐腐败的现象，勾画出法国上流社会中形形色色人物的嘴脸，如荒淫无耻的教士、夸夸其谈的沙龙绅士、傲慢无知的名门权贵、在政治舞台上穿针引线的荡妇等。书中还表达了对路易十四的憎恨，说法国比东方更专制。《波斯人信札》不但思想内容在当时有进步意义，它的清新明快的散文风格，对法国文学也产生了深远的影响。

本书的主人公郁斯贝克是一位波斯贵族，他在法国旅游期间，不断与朋友通信，靠跟众多的女人信件来往进行意淫，以非凡的能力在脑子里去疼爱、去憎恨、去杀人。小说通过郁斯贝克在巴黎的所见所闻，辛辣无情地批判了法国当时的政治、经济、军事、宗教、文化、风俗等方面的现实，以令人着迷的笔力描绘了18世纪初巴黎现实生活的画卷。小说中所描绘的流血、肉欲和死亡使人百读不厌，黑白阉奴与后房被囚妻妾的对话，身处异国他乡的主人的绵绵情话，使人常读常新。《波斯人信札》"写得令人难以置信的大胆"，是启蒙运动时期第一部重要的文学作品，开了理性批判的先河。

人 性 论

休 谟 Hume(英国 1711 年－1776 年)

时间的流逝并不能掩盖这位英国哲学家在哲学史中的划时代的作用。他作为哲学史上的一颗巨星,使人仰望的是他从人的认识和行动中看出的人的本性。当我们纪念这位哲人的时候,应该仔细玩味的是他的《人性论》。我们越是对它一再并且持续地沉思默想,就会满怀着不断更新并且不断增长的赞颂和敬畏。

——中国社科院哲学所研究员 丁 祁

翻开任何一本国内出版的西方哲学史,我们都会在其中看到休谟的影子:他对两种知识的区分和对因果关系的怀疑奠定了他在西方知识论中的地位;他对人性的分析开启了西方道德哲学中的情感主义,也成就了后来的功利主义;他的怀疑论为康德破除了独断主义迷梦;他的经验主义方法成为维也纳学派开创分析哲学运动的一个重要法宝。所有这些都使得休谟哲学毫无疑问地成为西方哲学发展史上的重要一章,他的那部不朽名著《人性论》也被视为西方哲学著作中的经典。事实上,西方学者在论述西方政治思想发展时,都会把休谟放到四个重要的位置:他的情感主义引发了政治哲学中的德性与正义的思想;他的财产权理论导致了当代关于所有权的争论;他的经济思想推进了后来的政治经济学发展;他的政体理论直接构成了当代政治学的重要内容。

当然,休谟主要是因为他所提出的知识论而闻名于世的。而在德国,休谟则在很大程度上被认为是一位陈述了伊曼努尔·康德努力要解决的那些问题的作者。但是,对于休谟来说,首要的任务从一开始就是要建立一门有关人性的一般学问。在伦理学领域中,就如同在认识论领域中一样,休谟也唤醒了沉睡在"教条之大觉"之中的康德。我们可以肯定地说,康德以及另外两位伟大的德国自由主义者即席勒和洪堡,要比后来的德国人更了解休谟,因为后来的德国人完全被法国人的思想所支配,尤其受到了卢梭思想的影响。

但是需要指出的是，欧洲大陆却从来没有恰当地认识到休谟作为一名政治理论家和历史学家所作的贡献。甚至在今天，仍有相当多的人认为18世纪是一个缺乏历史感的时代。而我们知道，这种观点实际上是那些误读18世纪的误导性观点共有的特征。在我们看来，这种观点只是对那种曾经在法国占支配地位的笛卡儿唯理主义来说是正确的，但是对于英国人来说却是极不正确的，而对休谟来说就更是无稽之谈了。因为休谟不仅把他的时代描述成"一个具有历史感的时代"，而且还把他的民族描述成"一个具有历史感的民族"。我们很钦佩这位200多年前的苏格兰贤哲，与他对话是令人身心愉悦的。

旷世杰作

《人性论》共分为四个部分，分别是引论、论知性、论情感、道德学等。在第一卷《论知性》中，休谟着重探讨了人的观念问题。他首先从总体上论述观念的一般特点及其相互关系，接着进一步论述空间和时间观念，最后在第一卷的末尾重点论述人的理性。如果说在《人性论》第一卷休谟探讨的主要是理性问题，那么在第二卷中休谟则重点探讨理性的对立面——情感。在这一卷中，休谟主要探讨了三种类型的情感：一是骄傲与谦卑；二是爱与恨；三是意志与直接情感。在对这些基本问题进行详尽的论述之后，休谟在第三卷中又对道德学问题进行探究。有人认为《人性论》的重点是在第一卷和第二卷，其实不是。前两卷确实论述很详尽，但那是休谟为了讨论问题所做的准备。正由于前面已经说清问题的关键，所以在第三卷中只需轻轻点明自己的观点即可，不必再做长篇大论，这样才有四两拨千斤之效。

人性论当然不是休谟的创造。但是，休谟的人性论确实有自己的特点。他在《人性论》一书的《引论》中说，他要使对人性原理的说明，成为"一个建立在几乎全新的基础上的完整的科学体系"，即"必须建立在经验和观察之上"。这也就是他所说的，"在精神科学中采用实验推理方式"的基本精神。一方面要反对先验的立论方法；另一方面要在观察和实验的基础上建立一个普遍的人性理论，这就使得休谟的人性论不同于从先验的假设出发进行推论的人性学说。他注重的是观察和经验，这是休谟人性论的方法论特征。

此外，休谟人性论的另一个特点是否定了"人是理性的动物"这一传统的观念，也否定了笛卡儿的主张。他强调"理性是并且也应该是情感的奴隶，除了服务和服从情感之外，再不能有任何其他的作用"。在他的想法里面，理性无力影响人们的行动，亦无力主导人们的道德活动，能够影响或主导人们做出道德判断或实践道德行动的机制，是人性中的一些激情。因此，考察人性、考察人类行为及其真实动机，就要考察人们的实在的情感，尤其需要注意那种易于被误认为是理性的"平静的欲望"。

休谟在《人性论》中首创一种"不

青少年必知的哲学经典 QINGSHAONIAN BIZHI DE XIXUE JINGDIAN

争论的智慧"。休谟认为，与两类人的争论是愚蠢的：一类是固执己见者，与这类人争论最令人厌烦；另一类是那些内心完全不坦诚者。休谟说，这类人"不是真正笃信他们为之辩护的思想观点，他们之所以会无休止地争论，或是出于装模作样，或是出于逆反心理，或是出于炫耀自己具有超群的聪明才智的独创性"。休谟认为，要让这两种类型的争论者用任何不带感情的逻辑推理接受一些比较正确的原理，是没有指望的。休谟的药方是："转变这种辩论对手的唯一方法就是不理睬他，他本人也至少会由于觉得厌烦而转到常识和理性一边。"古今中外，人性相通，休谟的见解与邓小平倡导的"不争论"观点，有异曲同工之妙，发人深省。

休谟的另一个创见是发现"事实判断"与"道德判断"的区别。这一发现，对于澄清人类的思想至关重要。"事实判断"要人们谨慎地探索事物的真相，其最高的原则是真与伪，追求的是知识的准确性。这就必须以理性的方式从观察入手，考察事情的起源、过程、性质与一般特征，"澄清并确定普遍的事实"。"事实判断"是"科学判断"，其联系词是"是"或"不是"，而"道德判断"则是一种人类的主观评价，是一种源自情感与激情的价值认知，其联系词是"应该"或"不应该"。道德上的善恶判断不是陈述行为实际是什么，而是表达行为是否正当，是否合理。休谟认为，"事实判断"优先于"道德判断"，必须首先使用我们的探究才能或智力来让我们弄清事实，必须把

所有的道德决定或情感悬置一段时间。休谟的这种清明的知识论完全可以消除大量的思想混乱，其现实意义是不言而喻的。

经典导读

绕不过去的休谟

说"休谟是无法绕过的"，意指两层含义。

一层是指如今的政治哲学、道德哲学乃至经济学和政治学，都从休谟那里获得了难以估量的思想资源。只要翻阅一下西方哲学家关于正义规则、财产权问题以及自由问题的论述，我们就很容易读到休谟的思想。例如，哈耶克把正义规则即法律看做是那些在社会演进中发挥作用的习俗、传统、惯例以及国家法律制度，他的"正当行为规则"正是对休谟正义规则的现代演绎。牛津大学法学教授哈里斯在《财产和正义》一书中明确地把休谟关于财产制度约定性的论述看做后来政治哲学家讨论财产权问题的一个重要起点，同样，萨维尼的历史法学也受到了休谟思想的深刻影响。通常认为，休谟对18世纪以来的政治经济学和政治学的形成所产生的影响，远远大于他在政治哲学和道德哲学领域中的影响。但是，作为市民社会的政治经济学，在休谟看来乃是有关社会财富的性质与原因的研究，而这种研究只有在经验论的人性哲学和正义的规则与制度的前提之下才能进行。在这

青少年必知的西学经典

方面休谟提供了一个研究古典经济学的人性的和制度的考察方式。

"休谟是无法绕过的"的第二层含义是指,政治哲学并不是休谟人性论哲学的陪衬或辅助部分,而是他整个哲学思想中的重要组成部分,更进一步地说,是他把人性考察和分析的结果直接运用于现实社会中的人的自然结果,或者反过来说,正是由于休谟对市民社会中的人性本质以及制度建构有着深刻的认识,才使得他的一般人性论具有了坚实的现实基础和更强的理论说服力。政治哲学是休谟哲学的一个重要方面,甚至是休谟哲学的核心内容。尽管传统的休谟思想研究把休谟的经验主义的哲学认识论视为中心内容,但休谟的《人性论》所揭示的哲学本性从根本上说乃是一种人的社会政治本性,或人为正义的本性,因此,政治哲学可谓休谟《人性论》的核心内容。从这个意义上说,《人性论》,特别是第三卷"道德学"构成了休谟政治哲学的基础理论部分。

其实,说"休谟是无法绕过的",表面上看是在强调休谟思想的重要性,实质上是在说明,休谟对人性的透彻分析以及他对道德善恶标准的界定,为当代政治哲学和道德哲学直接提供了论说话题,或者说,当代政治哲学和道德哲学正是从政治正义和社会良心的角度,解答着休谟提出的关于"是"与"应当"的著名难题。虽然罗尔斯的正义理论和哈贝马斯的商谈理论的直接思想来源是康德,但康德思想的基本前提却毫无疑问的是休谟哲学,因为休谟事实与价值的两分思想导致了

康德两种理性的划分,而休谟难题并不单纯是一个道德学的问题,而是一个有关事实与规范的政治正义问题。在这种意义上,休谟就成为讨论当今政治哲学和道德哲学时必须涉及的话题。更确切地说,罗尔斯和哈贝马斯等人的理论在思想上是康德的,但他们的问题却是休谟的。

我们知道,在任何观念领域,思想可以是常新的,但问题却往往是永恒的,就是说,不同时代的思想家都是在对相同或相关的问题做出思想上的探索,试图给出各自不同的解答,虽然这样的问题在不同的时代可能被赋予了不同的内涵或形式。同时,问题的提出又往往伴随着不同方法的使用,方法和角度的改变也常常是提出不同问题的重要原因。因此,在分析和解决问题的同时,关注提出这些问题的方法就是极为关键的。休谟问题的提出

《人性论》英文版封面

正是他充分利用了牛顿的科学解释方法和洛克的经验主义认识方法的结果。历史地看，休谟对经验主义方法的运用和关于事实与价值两分的问题的提出，都与他的时代背景有着密切的关系，这就是宗教神学逐渐从科学研究中的分离和心理学方法的普遍运用。应当说，神学背景直接导致了休谟对道德领域和政治领域中正义问题的关注，而心理学在当时正处于发展的鼎盛时期，运用心理学方法去分析观念的产生和分类，在认识论上就具有相当充分的理由。

作为一种哲学思想，休谟的政治哲学应当具有更为深刻的形而上学内涵，就是说，他的《人性论》对人性的剖析之所以能够在人类社会的后来发展中始终产生重大的反响，这应当归咎于他思想的深刻性。虽然休谟声称我们无法发现人性的终极性质，但他对道德性质的阐述，特别是对善恶、正义等问题的详尽论述，无不体现出他追求说明人性根本原则的理想。而且正是这样，他才把关于人的科学看做是其他一切科学的"唯一牢固的基础"。这恰好表明，休谟为我们所描述的道德本性正是整个人类共同具有的普遍能力，也正是在这种意义上，休谟的道德理论才具有了哲学形而上学的含义，这也正是休谟问题具有恒常性的根据所在。（江 怡）

❁《人性论》中的伦理难题

我们知道，所谓休谟伦理难题是指《人性论》第三卷"附论"中的一段话。在那段话中休谟指出：他在考察各种道德理论时发现，事实判断和道德判断是两类完全不同的判断，前者的系词为"是"与"不是"，后者的系词为"应该"与"不应该"。可当人们按照常规进行道德推理时，总是不知不觉改变判断的性质。"这个变化虽是不知不觉的，却是有极其重大的关系的。因为这个应该或不应该既然表示一种新的关系或肯定，所以就必须加以论述和说明，同时对于这种似乎完全不可思议的事情，即这个新关系如何能由完全不同的另外一些关系推出来的，也应当举出理由加以说明。"

休谟伦理难题的主旨是证明理性不是道德的根源，而不是一概否认事实判断必须承担价值判断，尽管二者有着内在的联系，但毕竟分属两个不同的问题，所以，我们不能简单地以后者代替前者。休谟提出"是"与"应该"的关系问题已近 300 年了，但这个难题至今仍然没有一个令人满意的答案。

当前，人们对休谟伦理难题主要有两种不同的理解：一种看法认为，休谟提出的是一个由"是"与"不是"为联系词的事实判断，能否推出由"应该"与"不应该"为联系词的伦理判断或规范判断的问题；另一种看法认为，休谟在这里提出了事实与价值的关系问题，即从事实判断能否推出价值判断的问题，以及这种推理的基础和根据的问题。我们更看重后一种看法，认为：由于价值判断既包括评价判断，也包括规范判断，因而休谟问题就被理解为事实判断、评价判断与规范判断的关系问题,即事实判断何以导出评价判断的问题、评价判断何以导出规范判断的问题。显然,这种理解包含了第一种理解,而且包含第一种理解所忽略了的评价判断这一环节。考虑到哲学问题的开放性,这一理解也是合理而有意义的。

根据这种解释,我们把休谟伦理难题理解为事实判断、评价判断、规范判断的关系问题。单从这种说法本身很难看出其具体所指,下面的例子可以帮助我们理解。例如,科学可以告诉我们关于某一星球的情况,以及到达这一星球的途径和方法,但并未告诉我们是否应该花费巨资去完成这一宇航计划。从这个例子可以看出,休谟伦理难题的含义是:事实判断通过何种途径才能同人类价值发生关系的问题。也就是说,休谟否认"是"能够过渡到"应该",而后来的学者沿着这个方向发展,进一步否认事实判断必须承担价值判断,造成了更加不好的理论后果。要解决休谟伦理难题,必须设法通过某些中间环节,将事实判断同人类价值联系起来,使事实判断承担起价值判断的责任。

我们可以对休谟伦理难题做进一步的理解。若将休谟伦理难题严格限定在休谟文本的范围内,认真考察文本,不难看出,休谟伦理难题的真正含义其实只是理性能否充当道德根源的问题。要证明此点,并不需要过多的论证,只要看一看《人性论》第三卷第一章两个小节的标题即可。这两个小标题分别是"道德的区别不是从理性得来的"、"道德的区别是由道德感得

来的",这就明白无误地告诉人们,这里讨论的是道德的根源问题。英国道德学界当时就"道德根据何在"有一场重要的争论:一种观点认为,道德的根据在于理性;另一种观点认为,道德的根据在于道德感。休谟很清楚这场争论的意义,他写作《人性论》的一个重要目的,就是为了参与这场争论,提出自己的观点,解决这个问题。

众所周知,在这场争论中,休谟赞成情感主义,反对理性主义。虽然休谟也承认理性对道德有一定的影响,但他否认理性是道德的根源,其中一个根本的原因,是因为理性没有活动性。在休谟看来,道德原则不仅必须对行为有所指导,而且这种指导必须包含一种内在的动力。但理性不能担此大任,因为"理性自身在这一点上是完全无力的",为此,休谟特意区分了标准和意志的关系,认为道德标准是一回事,使道德标准约束意志,产生具体的德,又是一回事。所以,要成就一个具体的德,仅指出善恶所依据的标准是完全不够的,"还必须指出那种关系与意志之间的联系,并且必须证明,这种联系是那样必然的,以至在每一个有善恶的心灵中它必然发生,并且必然有它的影响"。由于理性没有活动性,不能证明标准和意志之间的联系是必然的,故理性不能成为道德的根源。

应当承认,休谟伦理难题在历史上确实有一个由原本意义到扩充意义,即由狭义到广义的发展过程。西方学术界的确有人努力抬高休谟伦理难题的意义,进而将其引申为一般意

义的事实与价值的关系问题，但也有不少学者对此表示怀疑。他们认为，至少休谟本人不是这样看的。这是因为，休谟伦理难题只出现在"附论"之中，除此之外，休谟并没有对此再加以系统的论述，而且在其精心改写的《道德原理研究》中也没有出现。如果这个问题果真如此重要，涉及一般意义的事实与价值的关系问题，休谟为什么不将其引申发挥，做出进一步的说明呢？或许，这是休谟留给我们的一个永久的谜。（李　虹）

大师传奇

休谟是近代英国经验论的完成者，他的学说给现代西方哲学带来很大影响，成为各种实证主义、实用主义和实在论流派的一个重要理论来源。尽管休谟一生致力于哲学研究，但他的成就却是多方面的，他在诸多领域都有建树，尤其是伦理学和经济学。

休谟于 1711 年 4 月 26 日生于苏

休　谟

格兰爱丁堡郡的奈因微尔斯。他原姓霍姆，后鉴于英格兰人把霍姆读作休谟，而改姓休谟。休谟的父亲在休谟两岁时去世了，他是由母亲抚养长大的，因此他主要是从母亲那里得到早期教育。休谟从小性情文静，喜欢自己静静地思考。1732 年，休谟入爱丁堡大学读法律。他天资聪颖，再加上学习刻苦，因而在学校里成绩优异。但是由于家庭原因，休谟没能读完大学就辍学回家了，因此他也没能拿到学位。此后休谟在家专心自学。在此期间，休谟的人生志向发生重要变化，这决定了他一生的发展。最初休谟致力于法律和文学，他的家人也希望他能在这两个方面有所成就，但后来他渐渐对这两个方面失去了兴趣，发现自己真正喜欢的是哲学。这一发现使他激动万分，他抛弃了其他一切事物，全力从事哲学。但是，过度的劳累损害了他的健康，不久，休谟得了一场大病，不过这并没有影响到休谟求知的欲望，相反却给了他充裕的时间去读他喜欢的哲学著作。在养病的四年中，他博览了用英文、法文、拉丁文写的各种书，不断丰富自己的知识。可以说，这段时间休谟对哲学的认识已经大大加深了。

但是，或许是因为休谟过于用功，他的病情加重了，这迫使休谟不得不认真思考自己的病情。他像一个严格的医生那样审视自己，并得出结论，认为自己的病症主要是精神上的，而不是肉体上的。于是他决定暂时把自己喜爱的哲学放在一边，彻底改变一下生活方式，以利身体的好转。1734 年

青少年必知的西学经典

3月，休谟经人介绍到当时英国的第二大城市和主要商港城市布里斯托尔学经商。但是，这毕竟不是休谟真正的兴趣所在，他勉强干了几个月，在和商行管事因业务信函的文法问题大吵一通之后，他决心放弃经商，重新回到真正喜爱的哲学研究上来。就在这年夏天，休谟来到了法国的巴黎。后来又到罗姆，在那里主要学习语言。一年后，休谟来到安茹郡的一个小镇拉福来舍。这座小镇因有笛卡儿就读八年之久的耶稣会学院而知名，那时这里是笛卡儿主义的一个中心。休谟在该学院藏书丰富的图书馆里阅读了大量书籍，尤其是法国哲学方面的第一手材料。在这里，休谟用了两年时间潜心著书，基本完成了他的第一部哲学著作《人性论》。这部著作是休谟多年思考的结晶，他的经验论和不可知论的基本观点在这部书中得到了完整而充分的表述。他还从他的人性哲学的基本原则出发，广泛探讨了伦理、审美、政府起源和社会发展等许多方面的问题。尽管休谟后来的著作对《人性论》的许多观点有所补充、删略和修改，但他的理论基调是在这部著作中确定下来的。1737年，休谟回国，着手出版《人性论》。1739年，《人性论》的第一卷和第二卷出版。在这之前，休谟一直为寻找出版商而四处奔波，直到1738年才和出版商签订合同。

休谟一生最重文名。随着他的著作的陆续发表，人们对他的著作的议论也越来越多，即使在上流人物中他的书也成为谈论的话题。尽管这些议论很多是猛烈攻击他的，他仍感到极大的欣慰，因为这毕竟表明，他的学说和理论已经在学术界取得了引人注目的地位。

1775年春，休谟患肠胃病，病势日益严重，经朋友的劝说，休谟到伦敦旅行，以求改善健康状况。离开爱丁堡前，他写下了《自传》。在《自传》中，他这样描述自己的性格："和平而能自制，坦白而又和蔼，愉快而善与人亲昵，最不易发生仇恨，而且一切感情都是非常中和的。"写《自传》时，他自知自己离死不远，但仍精神矍铄谈笑风生，一如往常。

1776年8月25日，休谟在圣·大卫街的家中逝世。

延伸阅读 YANSHEN YUEDU

休谟不仅对人性有深入的探讨，在宗教研究方面也有很大成就，这些成就集中反映在《自然宗教对话录》中。此书虽在其生前写就，但一直到他逝世后才问世。这是一本代表他全部宗教思想的最重要的著作，也是他晚年最成熟的一本著作。在此书中，休谟不仅对宗教论证进行了批判，也揭露了宗教迷信的本质和危害，并对有关上帝属性的传统观念与宗教"神迹"说给予了驳斥。在上述对传统宗教批判的基础上，休谟最后主张建立不干预人生的"真正的宗教"来代替传统的宗教。

* * * *

谈到休谟，不能不谈到英国的洛克。洛克的《人类理解论》是他花费20年写成的一部哲学巨著，是他一生追求真理的最高结晶。这部著作正像他在自撰碑文中说的那样，将更为真实地告诉你们有关他的其他一切评说。全书共 4 卷 69 章，大致可以分为破和立两个方面。即批判天赋观念，清除学术上使用暧昧含糊的说法和牵强附会的社会言辞，反对不适当地运用理智，使它超出固有的范围。立的方面，主要是对唯物主义经验论体系所作的正面阐述。全书的中心思想是论述人类知识的起源、确度和范围，以及信仰的、意见的和同意的各种根据和程度。

社会契约论

卢　梭　Rousseau(法国　1712年－1778年)

> 他是浪漫主义运动之父，是从人的情感来推断人类范围以外的事实这派思想体系的创始者，还是那种与传统君主专制相反的伪民主独裁的政治哲学的发明人。从卢梭时代以来，自认为是改革家的人向来分成两派，即追随他的人和追随洛克的人。
>
> ——英国哲学家　罗　素

提到法兰西，我们必定会联想到那轰轰烈烈的1789年大革命，我们当然更不会忽略那站在革命背后的掀起浪潮的思想文化巨人们，正是他们用思想之火炬照亮了法国乃至人类的前进之路。让·雅克·卢梭便是其中的一位，这位法国启蒙运动的思想家、哲学家，以其卓越的智慧与思想不仅给笼罩在法国大地上的漫长黑夜带来了曙光，也给人类的思想宝库留下了珍贵的遗产，甚至于拿破仑也不得不承认卢梭在法国革命史上的地位，认为如果没有卢梭便没有法国革命。

卢梭的一生，是苦难的一生。他从小失去双亲，长期过着饥寒痛苦的流浪生活。他从事过多种职业，饱尝了人间的辛酸。他没有进过学校的大门受过正式的教育，而是靠刻苦自学成为思想界的巨子；他受过来自各方

面的种种诽谤和污蔑、中伤和曲解、迫害和攻击，但从不做任何妥协；他高尚纯洁，不贪图个人的荣誉和财富，在贫贱生活中保持着精神上的风采。他向自己的时代和社会提出了勇敢的挑战、指责。他主张用暴力推翻这不平等的社会，把人民从封建专制的羁绊中解救出来。

《社会契约论》是卢梭最深刻、最著名的著作，也是世界政治学说史上最著名的经典文献之一。它不仅为法国未来的资产阶级民主共和国提出了一个设计方案，也给其他国家的民主革命与改革以巨大的影响。这本书使卢梭赢得了世界荣誉。与《论科学与艺术》、《论人类不平等的起源和基础》等其他著作虽形式不同，但它们相互联系，构成了一个完整的思想体系。他全部作品共同的特征和所贯穿的基

本精神，就在于它充满了对封建压迫的激烈抗议，这抗议的声音预示着法国封建制度行将崩溃，明显地表现了资产阶级的社会政治要求，为推翻已经过时的封建主义统治的斗争提供了响亮的思想口号，为资产阶级革命后共和主义的政治蓝图提供了理论基础。

卢梭生活的时代距今已有两个多世纪的历史了，在这 200 多年的漫长岁月里，世界在变化，时代在前进，人类在发展，但社会与人生的本质永不改变，卢梭在人类思想文化史上留下的宝贵遗产值得我们去思考和借鉴。

旷世杰作

《社会契约论》是激进资产阶级民主派革命理论的集中概括，是世界政治法律学说史上最重要的经典之一，是震撼世界的 1789 年法国大革命的号角和福音书。它阐述的许多原则原理不仅在革命之初被载入法国《人权宣言》等重要文献中，更在革命后的长时期里成为资产阶级政治法律制度的基石。卢梭的思想对后世思想家们理论的形成有重大影响。

《社会契约论》以反对封建专制、倡言民主共和、主张人民主权为其主题和中心内容，提出了富于革命性的宪政理论。

首先，卢梭认为，自由的人们最初生活在自然状态，人们的行为受自然法支配。自然法以理性为基础，赋予人类一系列普遍的、永恒的自然权利，即生存、自由、平等、追求幸福、获得财产和人身、财产不受侵犯的权利。由于自然状态存在种种弊端，自由的人们以平等的资格订立契约，从自然状态下摆脱出来，这种结合的形式就是国家。由于国家是自由的人们以平等的资格订立契约产生的，人们只是把自然权利转让给整个社会而并不是奉献给任何个人。因此，人民在国家中仍是自由的，国家的主权只能属于人民。

继之，卢梭进一步阐述了人民主权的原则：主权是不可转让的，因为国家由主权者构成，只有主权者才能行使主权；主权是不可分割的，因为代表主权的意志是一个整体；主权是不可代表的，因为"主权在本质上是由公意所构成的，而意志又是绝不可以代表的，它只能是同一个意志，或者是另一个意志，而绝不能有什么中间的东西。因此人民的议员就不是、也不可能是人民的代表，他们只不过是人民的办事员罢了，他们并不能做出任何肯定的决定。"同时，主权是绝对的、至高无上和不可侵犯的，因为主权是公意的体现，是国家的灵魂。从人民主权理论出发，卢梭反对君主立宪而坚决主张民主共和："有一种最根本的无可避免的缺点，使得国君制政府永远不如共和制政府，那就是：在后者之中差不多唯有英明能干的人，公共舆论才会把他们提升到首要的职位上来，而他们也会光荣地履行职务的；反之，在国君制之下，走运的人则每每不过是些卑鄙的诽谤者、卑鄙的骗子和卑鄙的阴谋家。使他们能在朝廷里爬上高位的那点小聪明，当他们一旦爬了上去

青少年必知的西学经典

之后，就只能向公众暴露他们的不称职。"卢梭的人民主权论也是同三权分立学说相对立的，既然国家的主权只能属于人民，人民主权不可分割，代表主权的意志是一个整体，那么，把主权一分为三，就是错误的。他认为，主权者唯一的权力是立法权，政府只是主权者根据法律所建立，行政权应当服从立法权。

《社会契约论》还论述了一系列法律基本理论，在其中贯穿着以人民主权为中心内容的资产阶级民主主义精神。卢梭指出法律是人民公共意志的体现，是人民自己意志的记录和全体人民为自己所作的规定。"当全体人民对全体人民作出规定时，他们便只是考虑着他们自己了，这时人们所规定的事情就是公共的，正如作出规定的意志是公意一样。正是这种行为，我就称之为法律。"法律的特点在于意志的普遍性和对象的普遍性，卢梭的这一论述在一定程度上提出了法律具有普遍性这一特征，在法理学上具有重要价值。同时，他阐述了法律与自由的关系：首先，法律与自由是一致的，人民服从法律就是服从自己的意志，就意味着自由。"唯有服从人们为自己所规定的法律，才是自由。"其次，法律是自由的保障。人人遵守法律，才能给人们以享受自由权利的安全保障；法律可以强迫人们自由。此外，卢梭还系统地提出了立法理论。他认为要依法治国就要有理想的法律，在制定法律时必须遵循下列原则：立法必须以谋取人民最大幸福为原则；立法权必须由人民掌握；由贤明者具体承担立法的责任；立法要注意各种自然的社会条件，法律只不过是保障、遵循和矫正自然的关系而已；既要保持法律的稳定性，又要适时修改、废除不好的法律。

❋卢梭世界中的自由、法律与国家

有人说，卢梭的政治理论深受柏拉图的《理想国》的影响。"理想国"的概念，建立于人性善的理念基础上，柏拉图笔下的苏格拉底说"只有正直的人才会幸福"，善的意志成为他的理想国的基础。卢梭也相信人性善，他提倡宽容理性，坚定地反对任何政治暴力。同是论述理想国的原则，不同于柏拉图，卢梭将其理论框架完全建立在"人生而自由"的基础之上，也就是说"自由意志"。

很早以前，人们有一个更好的但文言的说法："天赋人权。"由天赋人权作为第一原理，他所构造的不再只是理想，而是现代公民社会的基本原则。公民社会中，公民失去了自由人无所不为的自由，而得到公民的政治权利——政治自由。他的《社会契约论》所要解决的是人权和法律的有机结合。从此，合法性只能来自人民，成了卢梭的继承者和背叛者共同的理念。卢梭作为"主权在民"的勾画者，就是在200年后还处于争论的中心：他的理论到底是在提倡民主自由，还是在提倡极权暴政？

人权是属于个体的，法律是属于国家的。个体约定而成国家的合理性，是法律有效性和政权合法性的终极判断。自由，不是来自法律对个人的保护，而是来自个体对立法的彻底参与，这是切实保障个体自由的先决条件。在这一过程里，个体利益"交集"而非"并集"形成公民意志——主权者的意志——一般意志，而这种主权者因为个体的不断参与，其内容是常新的，其利益与个体利益是共荣的。从这一点出发，多数人说了算的约法三章必然地成为主权在民的道德的体现方式。卢梭把政权明白地分成了立法和行政两个部分，前者属于社会契约的范畴，而后者不是契约的内容。这个理念对后来民主政治的发展有着不可磨灭的贡献。

在卢梭之前，孟德斯鸠的《论法的精神》对法律的理解更加深刻，惟缺卢梭的"主权在民"的动力。《社会契约论》本身是自适的政治理论专著。它自始至终只扬弃了一种体制：专制政府。按卢梭的话，这就是那种蔑视法律把个体的权力高于主权者之上的体制。其他的体制，卢梭仅仅论述了它们合法的自然依据。从直接民主制、贵族代议制到君主立宪制，统治的根据必须是人民主权——其真正表达就是法律。卢梭进而把任何真正依法而治的政体统称为共和政体。卢梭的理想并不是人们常说的直接民主制，而是以罗马为代表的精英选举代议制。为了对幅员大国的有效治理，由幅员不大的精英代议制政体合众联邦几乎在《社会契约论》中呼之欲出而与百来年美国的历史相呼应。卢梭的起点是一个假想的自给自足的自由人的国度，然后才有社会契约和公民社会的形成。无疑，他的基础隐伏着危机，因为他基于的是假想国而非事实的观察。后一时代的法国政治历史学者德·托克维尔，从他对美洲民主的发生发展的观察，著有《民主制在美洲》的名著，他的起点无疑就更加坚实。两者的著作其实有着一个共通之处，寻找一个合乎人性的道德的社会形态。（赵小麟）

不朽的卢梭，永恒的公意

公意学说是贯穿《社会契约论》的中心线索，也是理解卢梭思想的不二法门。卢梭的政治思想如此复杂，以至于我们随手都可能在他的话语中找出自相矛盾的地方，把他说成是民主主义者或者是专制主义者，我们可以把这种现象理解为小资产阶级的首鼠两端，也可以用恩格斯的辩证法思想来评判。但有一点我们必须承认，卢梭之为卢梭，他向人们展示的是人之为人的复杂性，他的伟大正在于他提供了许多种解决问题的思路，引起了后人无尽的遐想和探索。他的为数不多的著述构成了一个严整的思想体系，表现出一位哲人对人类现实问题的终极关怀，公意学说是这个体系上的明珠。

卢梭追溯了现实社会人类不平等的起源和基础，他认为人类在原始状态下是天然平等的，人们的欲求极少，自然界提供的食物和养料以及空间足

青少年必知的西学经典

以维持他们的生存与活动，他们不需要依靠别人来生活。人们在这种状态中没有必要靠奴役他人来实现自己不劳而获的目的。人们不依靠其他人过活，他们的意志得以自由和谐地发展。可是，随着第一次变革促进了家庭的形成和区分，出现了某种形式的私有制，争执和战斗便应运而生，人与人的关系开始密切并固定化，尊重产生礼让，轻视产生报复，所有这些观念都开始困扰着人类的感情世界。但是人们对这种奴隶状态已经浑然无知了，甚至已经喜欢上了这种状态，因为统治者不是采用强力完成这种转变的，这是同他们的合法性基础联系在一起的。"如果我们撇开社会公约中一切非本质的东西，我们就会发现社会公约可以简化为如下的词句：我们每个人都以其自身及其全部的力量共同置于公意的最高指导之下，并且我们在共同体中接纳每一个成员作为全体之不可分割的一部分。"在卢梭看来，公意就是人类自由意志的升华，首先，它不是众意，众意只是个别意志的总和，而公意却是个别意志相加后多出来的一部分。值得注意的是，这里的公意是和世俗的权力密切相连的，即现实中已经存在了统治与被统治、主人与奴隶、依赖与服从、高低贵贱等关系和等级。卢梭正视现实，丝毫没有逃避，也没有恋旧情结，而是采取了积极的入世态度，为人类设计了一个个可能的方案和途径来回应现实。在这一点上，伏尔泰的笑里藏刀的批判是对卢梭的曲解。卢梭把主权看成是公意的运用，权力受公意指导就称为主权，因

为公意是自由的化身，所以主权不可转让和分割，就像灵魂之于生命，转移和分割都意味着死亡。其次，公意永远是正确的，因为公意以共同利益为依归，不是指向个人利益或者团体意志，它本身就是正义的代名词。

公意要得到实现，必须借助于法律，法律是公意的行为，所以法律的对象永远是普遍性的，法律的最终目的就是要实现自由和平等。卢梭极力劝导人民，除了法律，什么都不要服从。由此可以看出，卢梭仍然是一种整体主义国家观指导下的价值理性论者，但他没有贬低单个人存在的意义，而是把二者放在了同等重要的位置上，他关心的仍旧是如何让人真正成为人

《社会契约论》英文版封面

这一传统的政治哲学话题，只不过是古典政治哲学把灵魂至善作为人的本质而卢梭把自由作为人的本质罢了。法律是共同体的动力，法律有两种力量可以使共同体运转起来，一种是立法权力，一种是行政权力。前者是意志力，后者是执行力，缺一不可，"一个瘫痪的人想要跑，一个矫捷的人不想跑，这两个人都将停留在原地上"。权力和公意之间有一个中介，就像肉体和灵魂之间的结合一样，政府就承担了这样的职能。卢梭开始探讨人类实际政治生活中何种政体形式更利于保障自由。卢梭陈述了民主制、贵族制、国君制、混合制等不同类型政府形式的利弊，结论是没有一个政府形式适宜一切国家，没有评价最好的政府的客观标准。但是，一个民族治理得好与坏还是有标志可以识别的，这是一个十分简单的问题，但是竟然没有人敢于自信地说出来。在卢梭看来，政治结合的目的就是为了成员的生存和繁荣，他们的数目和人口就是标志，在其他一切情况都相等的条件下，人数繁殖和增长最多的政府就是最好的政府。这显然是过于简单化的一种说法，但是，这却是卢梭在文中说得最明确也最简洁的一句话，和当时中国人评价好坏政府的标准出奇的一致。近代以来，政治思想家们力图把人从前现代"嵌入"的自然秩序中解放出来，这就意味着人之为人的模式要发生转变。霍布斯从人的自然性出发，强调人的激情和欲望的危害性，人们在进入利维坦以后，要努力使自己变得心平气和、与人为善、彬彬有礼才能适应这种生活，这是人类在经历中世纪后从世俗中找寻亚里士多德等古典政治哲学家所谓实现人性满足的唯一途径，为此我们可以放弃一切；洛克也十分关注这种人的模式的变化，他把公民社会作为实现人类净化、达成心灵宁静的组织形式，待人谦和、温文尔雅、不会轻易冒犯别人的人类模式以资产者为范型，为了实现这个转变，我们可以让渡包括自由在内的许多权利；卢梭感受问题的角度是反向的，他不否认人的模式在理性的指导下要发生转变，但是他更关注人们在转变时所付出的代价问题。如果人们让渡出了自由，这种转变不如不发生，那将是一种生不如死的状态。他采用自然法和社会历史演变等多种路径寻找理想转变的依据，把符合公意作为人类转变行为模式的底线，人类在发展的同时正在丧失一些更本质的东西，所失大于所得，要确保人类转变过程中的底线伦理，就应该用特定的教育方式予以转化。正是这样，卢梭的公意学说才有了后现代的意味，这实际上显示出一个伟大思想家的前瞻性和深深的忧虑。（魏万磊）

大师传奇 DASHI CHUANQI

　　卢梭的一生是耐人寻味的。在那黑暗的中世纪之末、近代社会肇始不久的时代里，卢梭敢于在政治社会制度方面、自由平等权利方面超越同时代的众多思想家，这一切都是与他生存的环境和经历息息相关的。

　　卢梭在 1712 年 6 月 28 日生于瑞

士日内瓦一个贫穷的钟表匠家庭。他的祖先是法国人。他的高祖就因改信加尔文教而遭到天主教会的迫害，被迫逃到日内瓦定居下来。他的父亲依萨克·卢梭是一位制表匠，内心仁慈但性情暴躁，是一个游荡者兼冒险者，而且有读书的癖好。卢梭的母亲苏萨娜·贝纳尔由于生他时难产，在他出生后几天便去世了。父亲对卢梭的影响极大，他们父子二人常过度地浏览各种小说，甚至彻夜不止，习以为常。"有时父亲在晨光微曦中听到醒来的燕群的鸣声，不免有愧色地说：'让我们睡觉吧，我还比你更多孩子气呢……'"他阅读广泛，从古希腊罗马的经典著作一直到当时的启蒙论著，从文学、历史一直到自然科学读物。在他幼年时期，他父亲曾对他说过："卢梭，爱你的国家！""你是日内瓦人，有一天你会看见其他的国民，你永不会看见与你自己的国家同样的人。"确实，他热爱日内瓦，当时的日内瓦是一个民主政体的共和国，卢梭曾特别把自己在1755年写就的名著《论人类不平等的起源》"献给日内瓦共和国"。他曾表示自己愿意在一个像日内瓦这样的民主共和国里自由地生活，自由地死去。

在卢梭的一生中，有位贵妇人对他产生了巨大的影响，她就是华伦夫人。她给他以女性特有的启迪，并且资助他、帮助他，但也曾伤害过他。正是在华伦夫人的帮助下卢梭才得以与众多的上层人物相结交。巴黎的上流社会的沙龙与晚会都向他敞开了大门，卢梭也曾受到了这个阶级的追捧，

这些经历都启发了他的智慧，但同时又使他认识到了那奢华生活的本质与罪恶，使得他最终离开这些高高在上的贵族们。

1749年夏的一天，狄德罗因得罪当局而入狱，卢梭在去探望他的路上翻阅了一册文学评论，看见第戎学院悬赏征求下面问题的作品："科学和艺术的进步，是使道德改善，抑或道德败坏？"他的心灵顿时受到震荡，竟至昏迷不省人事，许多思想的火花在他头脑中闪现、撞击。他的应征作品《论科学和艺术》获得了一等奖，使他一举成名，同时也激发了他的自信，以至后来一发不可收拾，许许多多伟大不朽的作品从此问世。新基督教徒的传统精神、日内瓦的民主共和的土壤、法国专制主义的空前盛行，以及他那情感奔放、流浪却幽居的怠惰的生活方式、嗜书的癖好，这一切是使一个没有受到正规教育的学徒、侍从能成为一代思想豪雄的重要因素。

卢梭不但是一个思想家，也是一

卢　梭

QINGSHAONIAN BIZHI DE XIXUE JINGDIAN
青少年必知的哲学经典

个文学家和音乐家。他是一个有爱情魔力的人，他"为他永不曾满足的爱情所征服"，而纵情于色情的梦境中。他的传奇之作——《新爱洛依丝》中饱满的热情赚得了贵妇们的热泪。1762年他的论教育的专著《爱弥儿》问世，这部经过他20年思考的巨著刚一出版，便引起了反动当局对他的迫害，卢梭不得不逃亡国外。他处于莫名的惶恐之中，在法院和教会的追捕之下四处逃亡。他的祖国瑞士也背叛了他，基督徒攻击他，似乎全世界都联合起来攻击他。直到1770年法国当局宣布对他的赦免后，他才回到巴黎定居。卢梭的晚年靠抄乐谱糊口，过着孤独凄凉的生活。1778年7月2日，这位18世纪最杰出的民主主义思想家病逝。自以为永远孤立于世上的卢梭，以自己的光辉理论点燃了人们思想的火炬，赢得了后人的尊敬和热爱。1794年他的遗骨在隆重的仪式下被迁葬到巴黎的先贤祠，得到了世人永远的崇敬。

延伸阅读

《忏悔录》 这是卢梭悲惨的颠沛流离的晚年逃亡生活的产物，是一部掺和着辛酸的自传。在历史上多得难以数计的自传作品中，真正有文学价值的，并且成为文学名著的，也许只有《忏悔录》了。

卢梭这个不论在社会政治思想上，还是在文学内容、风格和情调上都开辟了一个新的时代的人物，主要就是通过这部自传推动和启发了19世纪的法国文学。全书中充满一种逼人的悲愤和震撼人心的力量。它是激进的平民思想家与反动统治激烈冲突的结果，其中充满了平民的自信、自重和骄傲，总之，一种高昂的平民精神。它使后人看到了一个思想家成长、发展的内心世界，看到一个站在下面指导时代潮流的历史人物所具有的强有力的方面和他精神上、道德上所发出的某种诗意的光辉。他的《忏悔录》除了是个人历史以外，还给我们留下18世纪的一份珍贵的证物。我们跟着他了解到年轻学徒的生活条件，在苛捐杂税下农民和巴黎小市民的生活条件；然后离开市民阶层，我们进入贵族门厅，外交界和财界，甚至接近了宫廷；我们参加了重大的历史事件，看到百科全书派带着他们的优点和缺点列队走过，感受到伏尔泰超群绝伦的地位。

《忏悔录》开拓了欧洲浪漫主义的道路。从此在艺术上有了开天辟地的影响。对大自然的感情，带个人感情的宗教性，包含宿命论的意识，陷入无名的忧郁，这些都是浪漫主义主人公的共性。从夏多布里昂的勒内到雨果的欧那尼，这些浪漫主义大师们都受到了卢梭的巨大影响，这些俊才并不能掩盖先驱者卢梭的光芒。时隔200多年，《忏悔录》在现代人读来，还是像作者所追求的那样，是一部戛戛独造、不同凡响的书。

* * * *

卢梭的《爱弥儿》是一部讨论教育问题的小说。通过爱弥儿受教育的故事，阐明作者的教育观点。卢梭的出发点是："一切事物出自创世者之手都是好的，到了人的手里便全变坏了。"他认为教育人就是要防止人变坏，恢复"自然人"。爱弥儿是个贵族出身的孩子，卢梭认为贵族孩子可以教好，教育能够战胜贵族阶级偏见。在这部书中，卢梭阐释了他的教育观：按儿童的天性去引导他们自由发展，让他们回到大自然的怀抱当中去。儿童不是成人，应当把儿童当做儿童来看待，让他们成为健康、有性格、有见识、有道德修养、有新信念新价值的人。

在《爱弥儿》中，卢梭就开始了对理性及理性教育的反诘，强调情感教育，倡导以人的良心和情感去确信神的存在。卢梭在《爱弥儿》中系统地阐述了性善的问题，他肯定人类由于上帝的恩赐，生而禀赋着良心、理性和自由。良心是得自天赋的道德本能，是道德的先天原则。良心的内容是自爱和他爱。卢梭说："人类唯一的自然个体就其广义来说，便是自爱自利。"卢梭的人性本善与当时教会的宿罪论是相对立的，教会认为，人是有原罪的，人性是本恶的，在教育上要以权威原则和高压手段。卢梭以性善论为根据和以自由发展为原则，与封建教育展开了英勇搏斗。他反对封建教育灌输道德成训的勾当，要求养成善良习性和培养道德觉悟。这些为道德教育奠定了哲学基础。

百科全书

狄德罗　Diderot(法国　1713年－1784年)

　　《百科全书》为法国培养了整整一代新人,书中所蕴涵的唯物主义就以其两种形式中的这种或那种形式——公开的唯物主义或自然神论,成了法国一切有教养的青年的信条。它的影响是如此巨大,以至在大革命爆发时,这本书竟给了法国革命者一面理论旗帜。

——恩格斯

青少年必知的西学经典

　　伏尔泰曾经在他的回忆录中讲过一件逸事:法国国王路易十五在一次宴会中同臣僚们谈到了火药,可是对于火药的成分大家却谁也说不出个所以然来。大臣瓦列尔说:"所以很遗憾,陛下已经下令查禁了《百科全书》,如果我们有这本书,那马上就能查到所需要的东西。"于是国王派人取来了《百科全书》,国王和王公大臣们惊讶地发现他们想知道的所有东西在这本书中都能找得到。一位伯爵称赞说:"您多么幸运,陛下,在您的统治下,有人能研究一切领域里的知识并传诸后人。在这部书中可以找到一切。"这部伟大的著作的主要作者便是被称为"百科全书之父"的法国启蒙思想家狄德罗。

　　18世纪的法国,那是启蒙的时代。在绵延将近一个世纪的漫长历史进程

中,启蒙思想家高举理性和民主的大旗,集中批判封建专制和宗教压迫。平民出身的狄德罗作为"百科全书派"的首领,团结了一大批启蒙思想家,为了社会的自由、平等与幸福前仆后继,英勇斗争,启迪民智。被誉为"众书之书"、"人类知识的总汇"、"哲学和一切科学的总结"的《百科全书》便是这伟大运动的结晶。而在人们的心目中,《百科全书》同它的编撰者狄德罗的名字总是联系在一起的。

　　狄德罗在18世纪法国启蒙运动中和人类思想史上的贡献和功绩,也是同《百科全书》的编撰、出版及其发生的进步作用和巨大影响分不开的。而这部巨著的编撰和出版在当时是极其艰难的,封建统治者和宗教界视之为洪水猛兽而大加围剿。对于它的主创者狄德罗也是施加了残酷的迫害。

因此狄德罗曾经说过："只有在他所处的这样的时代，哲学家的时代，才有可能写出这样的百科全书，因为这需要人们具有比只讲求风雅的怯懦的时代更大的勇气。"在20多年漫长的岁月中，狄德罗惨淡经营，历尽艰辛，把《百科全书》办成了宣传科学真理，反对宗教迷信、封建专制的重要思想阵地，而狄德罗本人正是在这个斗争中成了以"百科全书派"为核心的法国进步思想界的精神领袖。狄德罗同他的不朽名著也一起被列为人类历史中最为夺目的珍宝之一。

K 旷世杰作
KUANGSHI JIEZUO

狄德罗是"百科全书派"的精神领袖，《百科全书》的主编和组织者。在哲学上，他经历了从自然神论到无神论的转变，将17世纪以来的唯物主义哲学发展到了一个新的阶段。他的唯物主义自然观力图超越当时的机械论和目的论，代表了18世纪唯物主义哲学的最高水平。他力图超越当时占主导地位的机械论，尽力勾画出物质世界的普遍联系和自身运动，反对用孤立的、静止的、片面的观点看待世界，并且对辩证唯物主义的形成产生了重要影响。

《百科全书》几乎全部由狄德罗执笔，其《大纲》的结尾部分叫做《人类知识体系详述》。它开宗明义地说："物体作用于感觉。这些物体产生的印象引起意识对它们的感知，意识用与其三种主要性能，即记忆、理性和想象相适应的三种方式来运用这些感知。"

由此而将人类的知识一般地划分为三类：以记忆为依据的历史；来源于理性的哲学；由想象产生的诗。

历史又分为：圣史，即来源于神的事实；民史，即来源于人的事实；自然史，即来源于自然界的事实。

在哲学方面，狄德罗将哲学和哲学家分为两种：一种是实验的哲学，一种是理性的哲学。实验哲学家有很多的仪器而很少有观念，他们毕生从事于聚集材料，是劳苦的工匠。理性哲学家有很多观念而根本没有仪器，他们是骄傲的建筑师，专门忙于设计蓝图，却让别人动手操作。实验哲学注意搜集新的事实；理性哲学则注重对照、比较和联系。因而，以上两种哲学都是片面的，需要的是将两者结合起来，让经验和理性联姻。理论和实验应该相互结合而不可偏废一方。应当归于理性的那部分人类知识又分为：（1）关于神的科学；（2）关于人的科学；（3）关于自然界的科学。关于自然界的科学则划分为物理学和数学。这里包括综合，自然史中就没有综合的地位，因为自然史只研究自然界的现象和状况，而不做说明和假设。有趣的是，哲学的第二类学科还包括医学和卫生。

至于上面所说的由想象而产生的诗，因为它的对象是模仿历史事实，所以也属于历史的一个门类。其次，由于情节的不同，诗又分为世俗诗和圣诗。狄德罗把当时称作自由艺术的建筑、音乐、绘画、雕刻等都列入诗这一类，认为："诗人、音乐家、画家、雕刻家等，都是模仿自然或者仿制自然，所不同的只是有人利用语言，有人利用色彩，有人利用大理石或铜，有人利用乐器或嗓音。"另一个想法也很重要，即是建筑在归入诗的一类时，也可以归入数学类，因为数学讲解这几种建筑的原则，也就是计算；也可以列入自然史，因为自然史包含利用自然界的方式，正如可以把烟火制造归入化学或者把建筑同绘画和雕刻联系在一起一样。

《百科全书》的条目也发展了洛克的心理学。洛克的心理学并不是唯物主义的，但它所依据的已经是对于人们给予说明的各种自然现象的研究。法律学是一个重要的部分，它当时以最进步的法律规定为依据，并从这一立场出发猛烈抨击了法国陈腐王法的惨无人道。

《百科全书》很重视自然科学，它宣传了欧洲一切最新发现和在法国本国还不够发展的那些学科，如化学、矿物学、地质学，此外还有地理、历史、文学艺术史，还有美学以及生物学，狄德罗将世界的普遍联系和相互作用的思想贯彻到生物学领域，提出了生物进化论的思想。他认为，无机物和有机物之间没有不可逾越的界限，在一定条件下是可以相互转化的。

在进行各学科的研究方法上，狄德罗论述道："我们有三种主要的方法：对自然的观察、思考和实验，观察收集事实；思考把它们组合起来；实验则证实组合的结果。对自然的观察应该是专注的，思考应该是深刻的，实验应该是精确的。"这三种方法结合起来才能形成正确的认识，而且认识最终还需要接受实验的验证和检验。狄德罗虽然没有提出实践是检验真理的标准的思想，但是他将实验看做检验认识正确与否的重要手段，亦是难能可贵的。

❀ 《百科全书》的宗旨、方法和价值

狄德罗执笔的《百科全书》的《发刊辞》和达朗贝执笔的《百科全书》的《序言》，都详细地说明了他们编撰《百科全书》的原则、方法和目的。

狄德罗《发刊辞》中说，《百科全书》"要建立一切科学和一切技术的谱系之树，这个谱系之树表明我们知识的每一分支的起源和它们彼此之间以及它们与共同的主干之间的联系。作为百科全书，它要尽可能地阐明人类知识的顺序和联系"。关于科学之为统一的知识体系的观念以及作家为这种统一体系之体现的百科全书的出现，是和18世纪科学发展的状态和水平分不开的。狄德罗说，在17世纪之前就曾有过一些所谓百科辞典之类的书，但是像他所要创作的这样宏伟的巨著则至今还没有，至少还没有人着手做过。就连"一切学者中最有才能的学者"莱布尼茨也感到创作这样一部百科全书是困难的，虽然他曾希望人们克服这种困难。狄德罗认为，之所以有如此困难，主要就是因为那时科学技术还不够发展，许多极重要的科学成就还没有出现。而到了18世

青少年必知的西学经典

纪科学技术有了巨大的进步。在这样的条件下，使科学在其各个部门独立发展的基础上达到某种综合和统一，就有了可能。狄德罗站在当代科学发展的水平上，最早企图以百科全书的形式把以往科学的成果作为联系的统一的整体表现出来，这无疑是一个可贵的尝试和巨大的功绩，是代表了18世纪的时代精神的。

狄德罗强调，《百科全书》不仅仅是以往科学成果的伟大记录和总汇，而且应当成为科学继续前进的向导。他说，在科学和技术的领域中，人们经常会有所发现，但也有很多错误，之所以要编排《百科全书》，就是为了激励有才能的人，把那些伟大人物止步的地方作为起点，去打开求知的道路，进而取得新的发现。应当说，狄德罗为《百科全书》提出的上述原则和目的是符合于当时科学发展的趋势和要求的，特别是关于各门科学相互联系和统一的观念，反映了人类对自然界由分门别类的分析的认识向互相联系的认识发展。关于《百科全书》中对各门科学如何分类以建立统一的知识体系的问题，狄德罗认为："这个人类知识之树可以用许多方式来建立，或者把我们的各种不同的知识与我们心灵的不同能力联系起来，或者把它们与作为其对象的事物联系起来。"在知识、科学的来源问题上，狄德罗是从唯物主义经验论出发的。他按照培根的意见把人类的认识能力机械地分为三种：记忆、理性、想象。他说："理智只以三种方式，按照记忆、理性、想象三种主要的能力来推出我们的知识的。"

于是他按照这三种能力把全部知识首先分为三大类：历史，是从记忆中来的；哲学，是从理性中来的；诗，是从想象中来的，然后又把各门科学都编排在这三大知识总类之下。狄德罗认为，按照人的主观能力所做的这种科学分类可以体现出人类认识历史发展的顺序。比如狄德罗曾这样解释他们为什么与培根略有不同而把理性放在想象之前："如果我们把理性放在想象之前，在我们看来这个顺序是很有根据的，而且是符合精神活动的自然进展的。想象是一种创造性的能力，精神在梦想进行创造以前，就已经对其所见所知的事物进行推理而开始了自己的活动。"

《百科全书》的价值是有目共睹的。首先，它确实是当时各门科学知识的总汇，是由一批杰出的学者、专家写出来的当时各门科学知识的伟大记录，对于我们今天研究科学史、技术史仍然是必要的参考书。特别要指出的是，《百科全书》中对于各种实用的工艺、技术及其工具、机械的制造、操作

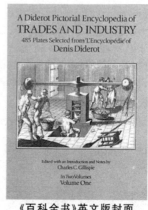

《百科全书》英文版封面

等等都有翔实的叙述和附图，是我们了解 18 世纪欧洲生产力发展的状态和水平极可贵的资料。

其次，《百科全书》对于 18 世纪法国封建社会的政治、经济、文化、宗教、各种典章制度、风俗习惯乃至人们的穿戴服饰等无不有专门的词条加以叙述和记载，是我们了解当时的社会制度、各个阶层的生活状态和人们的思想面貌的一部难得的历史文献。

《百科全书》的价值远不止于此，它不仅是那个时代的各门科学知识的总汇和社会生活各个侧面的缩影，更重要的，它是"百科全书派"手中的一种战斗的武器，或者像人们所说的，它是一部"战争机器"，一门"可怕的大炮"。狄德罗及其战友们在前后二十几年的时间里卓有成效地使用它向封建制度展开了连续不断的进攻，从政治到经济，从哲学到宗教，从意识形态到社会生活，一切旧制度、旧传统、旧观念无不在扫荡之列，无不给以猛烈的轰击。正如恩格斯所说："法国的唯物主义者没有把他们的批判局限于宗教信仰问题，他们把批判扩大到他们所遇到的每一个科学传统或政治设施；而为了证明他们的学说可以普遍应用，他们选择了最简便的道路：在他们因以得名的巨著《百科全书》中，他们大胆地把这一学说应用于所有的知识对象。"《百科全书》是为 18 世纪的法国革命做思想的准备的，它的历史意义也就在这里。（陈启伟）

《百科全书》与启蒙运动

法国的启蒙运动，从 18 世纪初开始，经过半个世纪的发展，到"百科全书派"登上历史舞台而达到高潮。《百科全书》的出现标志着法国启蒙运动进入了一个新阶段。启蒙运动的基本武器是所谓理性的批判精神，而其批判的主要对象则是宗教迷信和封建专制。"百科全书派"把这种批判贯彻得比他们的前辈更加彻底，他们把对宗教迷信的批判提到了唯物主义和无神论的高度，把对封建专制的批判提到了民主主义的高度。这种批判的主要表现在狄德罗等人的著作中，尤其是他们的《百科全书》中。他们的同时代人卡巴尼斯说得很对：《百科全书》是"反对宗教狂热和专制暴政的神圣同盟"。

第一，《百科全书》把一切都放到理性的法庭面前裁判。

18 世纪的启蒙思想家喜欢说他们所生活的时代是"理性的时代"或"哲学的世纪"。所谓理性，在这里不仅是指认识过程中与感性相对应的另一个认识阶段或认识方式，而是指与宗教信仰相对立的人的全部理智能力。狄德罗在《百科全书》的"理性"一条中指出，理性除了其他的含义之外，有两种含义是与宗教信仰相对而言的，即一是指"人类认识真理的自然能力"，一是指"人的精神不靠信仰的光亮的帮助所能够自然达到的一系列真理"。在中世纪，这种自然的光亮被宗教的黑暗统治湮没了，愚昧、迷信、偏见支配了人类精神一千年。现在，启蒙思

青少年必知的西学经典

想家们就是要用人类固有的自然的光亮——理性去启迪人类，使之从中世纪的宗教蒙昧的迷梦中醒过来。启蒙思想家都坚信这是人类精神的一场伟大革命，之所以是一场革命，就在于人们是以哲学即理性的名义去反对长期以来盘踞在人们头脑中的一切旧传统和一直被视为神圣的权威。狄德罗等人都以饱满的热情大喊大叫要以理性的尺度去重新审查一切、衡量一切、批判一切。

第二，《百科全书》是对教会统治和宗教迷信的批判。

法国是旧教的国家，天主教会与封建专制统治紧密地结合在一起。在18世纪革命以前，僧侣在法国社会中与贵族并列为社会的特权等级。教会和教士在政治上思想上都是最顽固最反动的力量。因此，《百科全书》在大量的词条中对教会和教士们的黑暗反动的本质和罪恶作了充分有力的揭露和抨击。

天主教会宣扬教权来自上帝和基督，神圣不可侵犯。狄德罗在"等级制"一条中对天主教会的封建教权作

《百科全书》英文版封面

了历史的追溯，指出所谓教会和教皇的权力来自上帝、是耶稣基督所规定的等等鬼话是毫无根据的。他认为教权不是永恒的，"创造了它们的权力也可以消灭它们"。

狄德罗对于中世纪以来宗教迫害的暴行做了无情的揭露和痛斥。所谓宗教迫害就是"统治者本人或者让人们以他的名义对那些在宗教问题上与他持有不同意见的人实行暴虐的压迫"。他认为，其实迫害只能使人成为不说真话的"伪君子"，而"决不能使人改变信仰。"不仅如此，迫害的结果还可能导致迫害者自己的垮台。狄德罗对教士们敌视科学、敌视理性的宗教狂热和反对社会进步的顽固的反动的嘴脸也做了淋漓尽致的揭露。他说，教士就是专门以搞宗教迷信为业的人，这种人是很难服从良好的社会秩序的。《百科全书》中对基督教的许多教条、教规和仪式以及其他宗教的迷信观念都有所揭露和批判。狄德罗在有的地方甚至用毫不含糊的语言大胆地向一切宗教宣战。

第三，《百科全书》对封建专制进行了批判。

18世纪革命前的法国是欧洲最典型的封建专制主义的国家，法国封建君主的权力之大几乎到了没有任何限制的地步。《百科全书》中对专制暴君的批判虽然并未处处指名道破，但其对象即法国的专制制度是不言自明的。狄德罗以最尖锐、激动的语言痛骂封建暴君说："在所有使人类遭受折磨的可怕的人中没有比暴君更残酷的了……他把臣士看做不过是一些一钱

不值的奴隶，一些低下卑贱的东西。"前期的启蒙思想家伏尔泰、孟德斯鸠虽然对封建专制做过批判，但是他们的政治思想带有浓厚的贵族气息，而缺乏民主主义的倾向。在此狄德罗则大大前进了一步。他在《百科全书》中对封建专制批判的同时已经明确地把民主主义的政治要求大书特书在他们的旗帜上了。他指出，国家不是君主的私有物，而应为人民所有。但是在封建统治下，人民是无权的。他说："公正的统治者应当倾听人民的声音，应当让人民有自己的代表参与国家政权。"民主权利是人民天赋的不可剥夺的权利，人人都应当有平等的权利，身居高位并非血统高贵，人人都有权担任国家官职。国家在本质上只属于人民，仅仅为人民所有。就这样，在启蒙运动的风起云涌的时代当中，《百科全书》用理性与批判的武器为人民的思想打开了革命的阀门，在法国乃至世界的历史长卷中画上了浓重的一笔。（佚　名）

大师传奇 DASHI CHUANQI

狄德罗 1713 年 11 月生于法国郎格里市一个小资产者的家庭，他父亲狄埃·狄德罗继承在朗格里业已维持 200 年之久的手工业，是颇受尊敬的制刀具的能手。他最初在朗格里的耶稣会受教育，满 13 岁时未曾受削发仪式。他热衷于在巴黎读书，先后就读于伟大的路易公立中学和哈尔库尔公立中学，在那里学习了逻辑学、物理学、道德学、数学以及亚里士多德的和神学家的形而上学，于 1732 年获得巴黎大学文科硕士学位。

狄德罗在青年时代热爱学习，在学习中感到十分幸福，他只希望猎取知识，别无它求。可这与他父亲让他做律师和检察官的希望相矛盾，老人也不理解儿子之所以不从事所谓高尚职业的心情，在厌倦之余，掐断了生活费用的供给。狄德罗的生活艰难起来，在艰苦的生活中，他接触到各个阶层的人，熟悉他们的思想感情，这触动了他的心灵，促使他思考各种社会、政治问题，培育了他的反抗精神。

1743 年，狄德罗结婚生子，生活也更加拮据起来。为了养家糊口他曾经为教士写布道文，还做过家庭教师，从事翻译工作。在这种情况下，他仍然积极学习，刻苦坚持，始终不渝。他精通希腊文、拉丁文、意大利文和英文，博览各种科学和哲学书籍，尤其喜爱文学。

1745 年，狄德罗应英国人约翰·密勒斯和德国人戈·塞留斯与书商勒伯勒东的邀请接受翻译《百科全书》的工作。然而，他发现原著有诸多的缺陷，因为该书中有些东西已经过时，有

狄德罗

青少年必知的西学经典

些东西是照抄照搬的,还有一些重要的方面却根本没有提及,因此,狄德罗决心重新编辑一部体现出人类知识体系、最新科技成就的百科全书。他提出了一个宏大的编写计划,自己担任主编。孟德斯鸠、伏尔泰、卢梭、孔多塞、魁奈、杜尔哥、伊丰长老等一大批著名学者聚集在狄德罗的周围,坚定地支持他的《百科全书》的编写工作。

狄德罗为《百科全书》的编写奋斗了27个春秋。《百科全书》的编写过程也是和封建专制制度斗争的过程。1751年10月《百科全书》第一卷问世,全名为《百科全书,或科学、艺术、技艺详解辞典》。该书第二卷出版后立即遭到了教会和政府的攻击和围剿,被禁止发行,并要求没收原稿。在极端困难的条件下,狄德罗独立坚持工作,终于在1772年《百科全书》全部出齐。狄德罗主编的《百科全书》不是一般性的工具书,而是启蒙思想反对封建专制制度、反对宗教神学的武器。

除了编写《百科全书》之外,狄德罗还写作了许多重要的哲学著作,如:《哲学思想录》、《怀疑论者的漫步》、《对自然的解释》、《达朗贝尔的梦》和《关于物质和运动的哲学原理》等,另外还有哲理小说《拉摩的侄儿》。

1784年7月30日,狄德罗走完了他为真理和正义奋斗的人生历程。在他逝世的前一天,他留下了这样一句至理名言:"迈向哲学的第一步,就是怀疑。"

延伸阅读

狄德罗的对话体小说《拉摩的侄

儿》是一部惊世骇俗的作品。拉摩的侄儿确有其人,他的叔叔拉摩是法国18世纪著名的音乐家。他本人长期过着流浪生活,以教唱为生,后来死在流浪汉收容所。狄德罗以真人真事为基础,运用他的想象力和夸张的手法,简洁而又生动地塑造了一个寡廉鲜耻但又目光敏锐的资产阶级无聊文人的形象。狄德罗通过拉摩的侄儿之口对时代与社会做出的评论,不仅揭露了当时封建社会中人与人关系的真实面貌,而且深刻地触及当时资本主义关系的某些特征,拉摩的侄儿就是这样一个封建社会与资本主义社会人与人关系的畸形产物。狄德罗通过拉摩的侄儿那些诚实的无赖的卑鄙丑恶的行为,他那些时而深刻时而荒唐滑稽的言论,他那被扭曲的性格,谴责了人欲横流的法国上流社会。狄德罗说:"拉摩的侄儿比起别人来不会更糟糕,也不会好一些;他只是更加诚实,更加前后一贯罢了;而且在他的堕落中有时是很有意义的。"这意义在于拉摩的侄儿这个形象反映了社会矛盾发展的历史趋势,拉摩的侄儿复杂性格的各个方面无不打上时代的烙印。

马克思认为这部小说是"无与伦比"的杰作,并推荐给恩格斯。恩格斯读后,感触颇深,誉为"辩证法的杰作"。这部哲理小说体现了法国启蒙文学的风貌。小说情节简单,缺乏连贯性和完整性,主要用对话,尤其是拉摩的侄儿的自我表白、动作、表情来展现人物的矛盾性格。狄德罗讲得不多,但他少数几段话和他的内心独白起了画龙点睛的作用,双方的语言具有鲜明的性格特点。

* * * *

《论盲人书简》是狄德罗一篇有关心理学和认识论的论文，文章揭示了人的有机组织，即感觉器官不同，观念思想也不一样，人的理念很大一部分都是来自于感官的信息，如果截断了这种感官的信息来源，那人将如同在黑暗中行走一样没有方向感。他在书中论述说盲人就没有上帝那样的观念，明确表达了无神论的思想。这种思想没有停留在以触觉为衡量事物存在与否的准则上，深入到了理论思维的领域。狄德罗把世界设想为一个大系统，认为其中存在的只有时间、空间与物质；物质本身具有活力，能够自行运动，不需要它以外的神秘力量参与；狄德罗强调感觉论，认为出现在理智之中的，必然首先源于感性知觉，他从认识的起源上反驳先验论以及纯属思辨性质的形而上学。主张感性与理性两条轨道相辅相成，共同推进人类认识。狄德罗的这部著作因为一些篇章得罪了迪普雷·德·圣摩尔夫人和雷奥米尔先生，为此，他被关进了范塞纳监狱。作为坚定的启蒙思想家他不为强权所屈，体现了一个知识分子的良知和责任感。

纯粹理性批判

康　德　Kant(德国　1724 年－1804 年)

> 德国被康德引入了哲学的道路,因此哲学变成了一件民族的事业。一群出色的思想家突然出现在德国的国土上,就像用魔法呼唤出来的一样。康德是德国哲学河流的源头之一。后来者们都是吸纳了他才变得伟大起来。
>
> ——德国诗人　海　涅

康德是德国古典哲学的创始人、近代西方哲学史上起划时代作用的哲学家。康德在继承前人的基础之上,又大胆开辟了前人所未曾走过的哲学路径,披荆斩棘,取得了不朽的业绩。

作为一位 18 世纪的哲学家,康德的工作是致力于发展一种以单个人为基础的认识论。在这点上,经验论者、唯理论者和康德是站在一起的。在许多方面,康德处在自由主义的传统之中。与此同时,他又代表着与 18 世纪末占主导地位的经验论和功利论趋势断然决裂。发生这种断裂的时候,也就是康德提出其先验哲学来设法既拒绝经验主义(洛克、休谟),也拒绝唯理论(笛卡儿)的时候。

真正的思想家是永远为世人所敬仰的。康德这个被誉为"人类哲学界的哥白尼"、一辈子只崇尚头上的星空和心中的道德律的孤寡老头,这个终生没离开过家乡小镇,却奇迹般地创造出古典哲学大厦的哲学泰斗,当他去世的时候,哥尼斯堡(现为加里宁格勒)全市居民陷入巨大的悲恸中。人们连续 16 天自发前往瞻仰这位不足 1.6 米的思想巨人、伟大哲学家的遗容。直到现在,加里宁格勒的年轻人结婚时,也不忘带上一束花放到康德的墓前。

如今康德逝世已经整整两个世纪了,曾经有人提出质疑,认为康德已经过时了。对此,德国康德研究会会长鲍恩教授认为,康德作为一位不折不扣的启蒙者,人们应该"将他的哲学著述理解为某种政治行动"。康德创立了德国的古典唯心论,发起了德国的资产阶级哲学革命。德国的唯心论的发展正是费希特批判康德,谢林批判费希特，黑格尔批判谢林的过程，而黑格尔辩证法的起点也正是康德哲学。黑格尔哲学解体后，许多德国大学的哲学又发展为新康德主义，他们的口号是"回到康德"。而19世纪后期直至20世纪中期现代哲学中的新实在论、现象主义等思潮也可从康德哲学溯源。

对于当代世界来说，康德关于"何谓启蒙"的不朽论文，关于国际法、"永久和平"的论述，今天听来仍然振聋发聩，发人深省。联想到欧盟一体化进程，回顾这两年的世界局势，人们不得不对这位生活在近300年前的哲学家肃然起敬。

旷世杰作

康德在他的代表性著作《纯粹理性批判》中，分别阐述了自己的认识论、伦理学和美学思想，阐述了他的唯心主义先验论的认识论，为他的"批判哲学"体系奠定了理论基础。在康德看来，在他的时代，形而上学已经丧失了以往崇高的地位，沦为被人妄加评判、日渐无人关注的边缘科学。其原因，康德认为是由于形而上学的根本矛盾是人类理性的本性要求和它的能力之间的矛盾，而由于未能正确地认识和把握这一矛盾，致使形而上学为这种矛盾所纠缠而不能自拔。这就是导致哲学陷入困境的真正原因，而过去的哲学家们却从没有意识到这一点。康德认为，他所处的时代是一个批判的时代，同样，哲学形而上学的发展也进入了一个批判的阶段，即摆脱独断论和怀疑论而成为科学的阶段。这个阶段的到来是以对纯粹理性的批判为标志的，而这个批判本身就是科学，它含有使形而上学成为科学的完整而有根据的方案，孕育着科学的形而上学的胚芽。

在论述了进行理性批判的原因之后，康德接着指明了什么是纯粹理性批判。康德在书中指出，无论是理论理性，还是实践理性，都是同一个"纯粹理性"，是这个"纯粹理性"的两个方面。它们都追求一种超验的无条件的东西，这种无条件的东西是不能在经验范围内发现的，但是二者在应用上又有所区别。对此，康德写道："我所谓批判，并不是批判各种书籍和学说，而是着眼于理性有可能不依赖任何经验去追求的一切知识，来批判一般理性能力，因而是判定一般形而上学是否可能，并确定其源泉、范围和界限——所有这些都是从原理出发的。"首先，康德指明了批判的对象是"一般理性能力"，即"认识能力"。其次，还指明了对理性进行批判的出发点是要看理性是否真有能力提供先天的知识，以及它在这方面能够认识什么，其有效性范围如何。最后，指明了批判的范围不是纯粹理性的某一或某一些先天知识，而是要就它有可能去追求的一切先天知识，就其全部先天所有来批判它。显而易见，康德的"纯粹理性批判"实质上是理性的自我批判，即康德所说的理性的一切事业中最困难的事业——自我认识。

随后康德分析了理性批判应遵循的根本原理，第一个问题涉及这一原理的来源,第二个问题涉及它的内容,第三个问题涉及它的理论后果及意义。

首先,康德论述了数学、自然科学是怎样成为科学的。在康德那里,所谓客观的科学,就是数学和物理学。这些科学和哲学相类似,都是理性的学问,都要与对象打交道,但与哲学不同的是,它们都早已走上了正确可靠的科学道路,取得了世所公认的成就。因此,考察这些学科走上科学道路的过程和原因,对于探索理性批判的原理会有所启发。得出的结论是:理性所能先天认识的只是理性自己事先放进事物里去的东西,因此在研究中,必须以理性放到自然中去的东西为指导,这样来探求那种只能从自然中学到而不能单凭理性认识到的知识。

其次,康德认为哲学应模仿自然科学走上科学之路,哲学或形而上学的任务有两方面:一方面要追求关于对象的普遍必然的绝对知识,另一方面要为自然科学能够得到普遍必然的知识,或为自然科学所证实的客观普遍必然规律做出哲学的说明和保证。哲学要成为科学,也要在思维上来一个革命,主张在知识与对象关系上不是知识依照对象,而是颠倒过来,对象依照知识。康德把他在知识与对象关系问题上提出的这个假设自豪地称之为"哥白尼式的革命",它就是康德进行理性批判时所遵循的根本指导思想或根本原理。

这样一来,这一原理对人类认识能力进行批判考察的最直接最重要的结果,就是必须把对象区分为现象和物自体这两个方面。康德认为,一旦我们把现象和物自体这样区分开来,情况就不一样了。首先,这就使形而上学的第一部分变成了科学。其次,现象和物自体的区分使超验的形而上学成为了不可能,同时还为实践理性留下了一块地盘。总而言之,康德提出的"对象依照知识"的这一根本原理,在形而上学哲学领域中造成了天翻地覆的变革,导致了一系列全新的观点,具有极其重大的理论意义。

康德哲学的遗产

美国的康德研究专家贝克曾引述哲学家中流传的一句格言:"在哲学问题上,你可以赞同康德,也可以反对康德,但不能没有康德。"人们之所以给康德思想如此高的评价,主要原因在于:在康德哲学精神中,既囊括了他那个时代人类在日益丰富的社会生活实践中所取得的优秀成果,也凝聚了西方文化自古希腊发轫以来的一切理智生活的智慧结晶。在康德这里既有蓬勃发展的自然科学及其方法的影响,又有苏格拉底、柏拉图、亚里士多德等一代圣哲的思想启迪,还有文艺复兴运动和马丁·路德宗教改革之后的基督教文化的熏陶;既有唯理论者和经验论者的理论碰撞,又有法国早期启蒙学者和人文学者的思想浸染,更有像牛顿、卢梭和休谟等这些时代巨人的人格和思想的深层积淀。正是在上

青少年必知的哲学经典

QINGSHAONIAN BIZHI DE XIXUE JINGDIAN

述综合因素的作用下，康德以德国自身的莱布尼茨—伏尔夫学派为背景，提出了自己的"批判哲学"，奠定了近代德国哲学和神学的基础，而这种哲学和神学的影响所及又大大超出了德国的范围。

然而要真正搞清楚康德在哲学史、神学史上的重要地位及其对现代生存本体论的影响，仅看到上述因素还远远不够，更主要的是要从康德所提问题的深度和广度上来理解康德思想的历史意义。康德哲学和神学思想的根基是其《纯粹理性批判》，特别是其中的"分析篇"，当代西方哲学、神学的主要思潮大都从这里出发来寻找自己的立足点。康德《纯粹理性批判》的主旨是以批判考察人类先天认识能力为出发点，以阐释理性与信仰的矛盾冲突为目的，其主要任务就是要确定人类认识能力有哪些先天要素及这些先天要素的来源、功能、条件、范围和界限，最终为信仰留下足够的地盘。在"分析篇"中康德又把高级认识能力区分为知性、判断力和理性三种。他认为知性的先天思维形式是所谓纯粹知性概念（即范畴：如质、量、因果性、必然性等），知性运用范畴综合统一感性材料才产生了经验或知识，而范畴之用于感性材料是以从范畴规定时间图形而引申出知性的先天原理这种形式进行的。知性的这些先天原理具有建构性，作为认识对象的自然界的各种规律，正是知性通过其范畴或原理而颁定给它的，亦即人为自然立法，这就是康德自称的"哥白尼式革命"。

如果我们仅从康德《纯粹理性批判》的"分析篇"看，康德似乎只是在讨论知识形成的可能性与必然性问题，但这仅是康德哲学的核心之点，而康德的真正目的是要由此出发来构建其更为恢弘磅礴的理论大厦。换言之，康德建构其"分析篇"的主要目的远非仅仅要指明知识形成的可能性问题，而是要以人类知识形成的可能性问题为基点，探讨与人类自身的生存密切相关的各种问题。他要使其思想由前批判时期的驰骛于外在宇宙而返回于内在宇宙，由前批判时期向世人呈现出的壮观的自然之图转而再向世人贡献一帧人类深邃的心灵之画。

在康德看来，知识与道德是不可分割的，因为人类理性的立法有自然和自由两大目标，即不仅包含自然法则，而且还包含道德法则；最初是在两种不同体系中表现它们，最终将在唯一的哲学体系中表现它们。基于这种考虑，康德在研究了人类心灵的认知能力后，又进一步研究人类心灵的情感能力和意志能力，以及这三种能力指向的三种对象——真、善、美。他认为其《纯粹理性批判》论述了知识如何可能，它是理性的基本目的；《实践理性批判》论述了道德如何可能，它是理性的终极目的；《判断力批判》论述了审美趣味和自然的目的性如何可能，使真、善、美在反思判断力中综合统一起来，消除自然和自由、知识和道德的分离。康德晚年对自己一生的哲学研究进行了认真总结，他认为他一生中哲学研究的所有问题都是围绕与人的生存状况密切相关的四个问题展开的，即我能够知道什么？我应该做什么？我可以希望什么？人是什

青少年必知的西学经典

么？与上述四大问题相对应，从而产生了四门学问：认识论、伦理学、宗教学、文化人类学。由于康德的思想涉及人类精神文化的全部学科，它在体系上博大恢弘，内涵上丰富深厚，几乎各个部分都闪烁着智慧的真知灼见。从任何一个角度看它都呈现一种面貌，以致对它的研究和理解不能不存在一定的困难。

上述现象的出现向我们提出了重新认识和理解康德的任务，即在对康德进行分析研究的同时还要进行综合的研究，把分析原则寓于综合之中，把康德学说看成一个完整的有机体：它有着自身的宗旨、基本问题和逻辑线索，有着自身的风格和特质，它的各个部分和环节表现出一种有机的递演关系，并服务于一种终极的目标和理想。基于此种认知，笔者认为康德在东西方世界之中之所以具有强烈的吸引力和恒久的魅力，最根本的原因在于其学术思想的深层所包含的浓郁的人情味和生命气息。康德的精神包容了与人类生活紧密相关的一切实践领域，思考了人生的根本问题，度量了人类心灵的各种功能、条件和界限，它不仅揭示了宇宙的智慧，更是涵摄了生命的智慧，在茫茫无垠的自然寰宇中凸现了人的价值、人格的尊严和人性的自由。因此，只有从人学的视角研究康德，才能真正抓住康德思想的精神实质。（靳凤林）

❈《纯粹理性批判》对形而上学的拯救

在西方哲学史上，康德大概是最

重视形而上学并对其进行过认真反思的第一人。尽管人们通常认为，黑格尔建立了西方哲学史上最大的形而上学体系，黑格尔也认为形而上学最重要——他曾说过形而上学是哲学庙堂里的神，但是黑格尔没有像康德那样系统地反思过形而上学，或许他认为像康德那样的讨论实在迂腐。康德则不然：他对形而上学的关爱溢于言表，他对形而上学误入歧途痛心疾首，他要拯救形而上学的决心矢志不渝。康德不但对形而上学进行了认真的反思，对旧形而上学进行了严厉的批判，而且着手重建形而上学，他所有哲学的主题都是形而上学！

康德曾这样表白："我受命运的指使而爱上了形而上学，尽管它很少对我有所帮助。"康德把对形而上学的研究看做是他一生无法逃避的命运。康

《纯粹理性批判》英文版封面

德要拯救形而上学的理由首先是他认为形而上学太重要了，他甚至认为形而上学就是纯粹哲学本身："形而上学却是本来的、真正的哲学！"人类必须要有形而上学，因为人类有理性，形而上学是能思想的人难以摆脱的命运。形而上学虽然如此重要，但是在康德时代形而上学遭到遗弃，已经没有多少人对它感兴趣了。"人类精神一劳永逸地放弃形而上学研究，这是一种因噎废食的办法，这种办法是不能采取的。世界上无论什么时候都要有形而上学；不仅如此，每人，尤其是每个善于思考的人，都要有形而上学，而且由于缺少一个公认的标准，每人都要随心所欲地塑造他自己类型的形而上学。"

由于形而上学是出自理性，所以要拯救形而上学，就必须对理性本身进行反思，康德叫做"纯粹理性批判"。"我所理解的纯粹理性批判，不是对某些书或体系的批判，而是对一般理性能力的批判，是就一切可以独立于任何经验而追求的知识来说的，因而是对一般形而上学的可能性和不可能性进行裁决，对它的根源、范围和界限加以规定，但这一切都是出自原则。"康德在这里说得明白：对理性能力进行批判，就是要裁决形而上学是否可能，而裁决形而上学是否可能就是要根据某种原则对其根源、范围和界限加以限定。可见，《纯粹理性批判》是一部讨论形而上学的书。

人们通常认为《纯粹理性批判》是一部认识论的著作。从某种意义上这一观点有其合理性，但是我们必须说：这一

认识论只是康德用以拯救形而上学的手段，形而上学才是目的。说《纯粹理性批判》是一部形而上学著作，这就意味着《纯粹理性批判》的结构与形而上学的结构是对应的，事实正是如此。杨一之先生慧眼看出了康德的《纯粹理性批判》与沃尔夫形而上学体系的内在联系："康德此书的分部，恰恰与沃尔夫教程内容相当。这当然不是偶然的巧合，而是具有很大的针对性。康德的先验逻辑，其探讨的课题相当于沃尔夫形而上学的本体论；而先验辩证论中关于'纯粹理性的谬误推理'部分，相当于旧形而上学的'灵魂学'；关于'二律背反'部分，相当于旧形而上学的'宇宙论'；关于'上帝存在本体论证明之不可能'，相当于旧形而上学中的神学部分。"在沃尔夫的分类中，"总论"即基础部分是"存在论"即关于存在及其本质的学说，而"灵魂学"、"宇宙论"和"理性神学"是总论下面的分论。

一些康德研究者只从批判的或消极的角度来理解《纯粹理性批判》的形而上学主题，而忽略了"先验分析论"也是形而上学。事实上，康德说得明白，形而上学中的"存在论""只在一个概念和原理——这些概念和原理与一般对象有关而不考虑可能被给予的对象——的系统中研究知性和理性"。康德在"先验分析论"讨论"知性"，这一点已经成为常识，所以"先验分析论"也是存在论。

康德拯救形而上学的工作主要体现在《纯粹理性批判》中。该书既是"一部关于方法的书"，也为科学形而

青少年必知的西学经典

上学描绘了"整体轮廓"。康德在《未来形而上学导论》中不无自豪地说,对《纯粹理性批判》和《未来形而上学导论》的原则有过深思熟虑的读者,不会再回到那种诡辩的旧形而上学,"他还将以某种喜悦的心情期望一种形而上学,这种形而上学是他今后确有把握拿到手的,不需要做什么预备性的发现,而且这种形而上学能够使理性第一次得到持久性的满足。"康德还把经过理性批判后得到的科学形而上学与旧形而上学的关系,类比为化学与炼金术或者天文学与占星术的关系,这也进一步说明康德对自己拯救形而上学的成果是极为满意的。(张桂权)

大师传奇 DASHI CHUANQI

叔本华曾说过:任何人在哲学上如果还未了解康德,就只不过是一个孩子。康德究竟是怎样的一个人呢?

伊曼努尔·康德,1724年4月22日生于东普鲁士的首府哥尼斯堡(今天的俄罗斯加里宁格勒)。康德出身于一个家境贫寒、子女众多的马鞍匠家庭。他的祖辈是17世纪从苏格兰迁来欧洲大陆生活的。1740年,康德进入哥尼斯堡大学学习。毕业离开大学后,康德去乡下一个贵族家庭任职家庭教师。1755年康德重返哥尼斯堡大学,工作15年之后,康德被评为教授,1786年升任哥尼斯堡大学校长。在校期间他先后当选为柏林科学院、彼得堡科学院和科恩科学院的院士。

以1770年为标志,康德的一生可分为前期和后期两个阶段。在前期他主要研究自然科学,重点是数学、天文学和化学,主要成就有正负数理论和星云学说,在其他学科方面也深有造诣;后期他则主要研究哲学,还涉及宗教、逻辑学和人类学等领域。

作为自然科学家,康德提出了与当时占统治地位的宇宙不变论相对立的宇宙发展论,为辩证法奠定了科学上的基础。1754年康德发表《对地球从生成的最初在自转中是否发生过某种变化的问题的研究》,提出地球自转速度因潮汐摩擦而变慢的假说,后来得到证实。1755年康德发表《宇宙发展史概论》,从自然界的历史发展观点出发,提出关于天体起源的"星云假说",含有唯物论和辩证法的思想,向认为自然界亘古不变的观点挑战。后来拉普拉斯也提出了类似的假说,后人合称为康德—拉普拉斯假说。尽管康德在自然科学上创造了许多辉煌的业绩,但他还是以哲学家的面目出现在大多数后人的心中,或者说他还是

康 德(1724～1804)

凭着哲学论著的影响铭刻在人类文明的史册上。康德在其 30 多年的研究生涯中，留下了三部划时代的杰作：《纯粹理性批判》《实践理性批判》和《判断力批判》，另外他还著有《任何一种能够作为科学出现的未来形而上学导言》《道德形而上学》和《永久和平》等书。

一位传记家赞叹道："康德的一生就像是一个最规则的动词。"是的，而且这还是一个从不与其他词搭配的动词。康德毕生既没有过远离故土的经历，也没有过结婚生子的愿望。他只知道日复一日地沿袭着自己的时间表，简直像一部最精确可靠的机器。在哥尼斯堡大学任教的康德的一天是这样进行的：5 时康德起床，穿着睡衣去书房，先喝两杯淡茶，再吸一斗香烟。7 时康德去教室上课。课后他又换上睡衣回到书房看书。13 时康德再次更衣，与朋友共进午餐。饭后 13 时 30 分，康德便踏上那条被后人称为"哲学家之路"的小道，哲学家开始散步了，他身上永远穿着一套灰色的装束，手里永远提着一支灰色的手杖，后面永远跟着一位忠诚的老仆人，永远为他准备着一把雨伞。这一主一仆是如此的守时，以至于市民们在与他们亲切地打招呼的同时，总忘不了趁机校正自己的手表。

康德的私宅是在校任教后不久买下的，共两层。书房里摆着两张普通的书桌，墙上挂着一幅卢梭的画像。康德的私人书籍并不多，各种书加起来也不过 500 本。正是在这种朴素、单调的环境下，康德度过了他平凡、刻板的一生。名誉、权力、利益、爱情……世人渴求的一切都与他终身无缘。海涅甚至下结论说：康德没有什么生平可言。1804 年，康德到 80 岁时告别人世，在当时的确是罕见的高龄了。不知道这是否该归功于他那整齐划一、保守而有节制的生活。只有一次，康德读到卢梭的《爱弥儿》，简直是如获至宝、不忍释卷，一连几天足不出户，把自己的作息安排表忘了个一干二净。这是一次例外，而且是广为人知的康德仅有的一次例外。

康德常被誉为"现代西方哲学史上的哥白尼"，正如哥白尼的"地动说"推翻了传统的以地球为中心的宇宙观，康德的哲学思想亦改变了现代西方哲学的面貌，而他对宗教与道德的哲学反省亦大大地影响了后世在这方面的讨论。康德卒于 1804 年，这位一生几乎没有离开自己出生地，生活作息像时钟一样准确的瘦小哲学教授，其连绵细密的思想却改变了整个近代西方哲学的面貌。

《Y YANSHEN YUEDU 延伸阅读》

《实践理性批判》 是康德的代表作之一，是其三大批判中不可或缺的一个组成部分。如果说《纯粹理性批判》详尽阐述康德的认识论，《判断力批判》主要阐述其美学和世界的合目的性的思想，本书则系统地阐述了他的道德哲学。实践理性在康德整个哲学体系中居主导和领先的地位。道德高于认识，伦理学高于认识论，行高于知。只有人心中的实践理性所规定的道德法则才具有客观的普遍有效性，才能成为普遍的必然的道德准则。在《实践理性批判》中，他提出了道德不是以符合个人或他人的幸福为准则的，而是绝对的，即人心中存在一种永恒不变、普遍适用的道德律。道德是"绝对命令"，是"应当如此"。道德应该符合正义而不是个人幸福。但他又提出人可以感觉到意志自由，生命长存。上帝永远指导着世间万事万物，上帝万能、灵魂不死，有德之人最终能够得到最大的幸福。

* * * * *

康德的《判断力批判》作为前两个批判即《纯粹理性批判》和《实践理性批判》的调和，在美学思想方面产生巨大的历史影响，同时也可看作是人类学的巨著。在书中他批评并融会了当时各派的美学观点，开创了独特而复杂的美学体系。他指出艺术源于天才，上帝创造一切。美应该从大自然和人的道德中寻找。这部著作的基本框架分为：审美判断力的分析论、崇高的分析论、审美判断力的辩证论、目的论判断力的分析论、目的论判断力的辩证论等内容。

精神现象学

黑格尔　Hegel(德国　1770年－1831年)

> 在法国发生政治革命的同时,德国发生了哲学革命。这个革命是由康德开始的。他推翻了前世纪末欧洲各大学所采用的陈旧的莱布尼茨的形而上学体系。费希特和谢林开始了哲学的改造工作,黑格尔完成了新的体系。从人们有思维以来,还从未有过像黑格尔体系那样包罗万象的哲学体系。
>
> ——德国哲学家　费希特

在西方哲学史上,生活在18世纪末19世纪初的黑格尔不仅是德国古典哲学的集大成者,也是西方古典哲学的最杰出的代表;或者也可以说他是西方传统哲学最后也是最重要的代表人物。这意味着他是整个西方哲学的分水岭,他之前的西方哲学都属于西方传统哲学,从他之后,一直到现在,则属于西方现当代哲学。

有一位古代哲人曾这样说:在诗歌中只有激情和技巧,而在哲学中却有诗意和智慧。伟大的辩证法大师黑格尔一生的精神活动向世人明示了:真正的思想家应当是诗人哲学家,真正的诗人也应当是哲学家诗人。黑格尔哲学就如诗如画,富于个性色彩,具备独特魅力。它符合时代精神,它凝聚了人类思想精华,它化作有生命的

东西,潜入到人类通向智慧王国的滚滚洪流中,放射着诗的光辉。"黑格尔扬起风帆,周游世界,勇敢地进入了思想的北极。"他拉开沉重的哲学帷幔,敢于窥视美杜莎而不惮于化作岩石。他永远是一个有诗人般浪漫气质的英雄式哲学家。他的《精神现象学》作为其最为著名的作品,便集中体现了他的超常的哲学才华。整部书形成了一个庞大而有机的哲学体系,其中充满了现实而卓绝的智慧,蕴藏了人类的宝贵的精神财富。黑格尔年轻鼎盛时的这部著作奠定了他哲学王位的坚定基础。

黑格尔对西方近代哲学的影响是极为深远的。19世纪末,美国和英国一流的经院哲学家,大都是黑格尔主义者。在宗教学领域,还有许多新教

神学家追随着黑格尔的脚印。早在19世纪中叶，黑格尔的历史哲学就对社会政治理论产生了深远的影响。卡尔·马克思在青年时代是黑格尔的信徒，他继承了黑格尔思想的某些核心要素，比如辩证法的否定之否定规律，并将其贯穿于自己的学说体系中，然后付诸于实践，掀起了轰轰烈烈的共产主义运动。今天，西方的很多学者仍然摆脱不了黑格尔的影子，黑格尔庞大的体系建构始终是他们难以企及的。黑格尔派或新黑格尔主义，成了历史现象。但黑格尔哲学却在发挥自己的作用，启发当代人的思想。作为一代哲学巨人，黑格尔给后人树立了一座不朽的丰碑。

KUANGSHI JIEZUO 旷世杰作

黑格尔哲学是19世纪德国资产阶级的世界观体系，具有百科全书式的丰富性，居于整个资产阶级哲学的高峰。它不仅反映了当时德国资产阶级的革命性，也在一定程度上反映了当时整个西方资产阶级的特点。他的代表性著作《精神现象学》完整地体现了他的思想精髓。

在《精神现象学》的序言中，不仅概括地说明了这部著作的意义、内容与观点，而且包含了黑格尔未来哲学所依据的基本观点：真理或者说"绝对"，是一体系过程；真理是科学的概念的体系，实指真理是概念的发展过程；"绝对"是主体，是主体与客体不断对立又不断统一的发展过程。

此外，在《精神现象学》的序言中还指出，《精神现象学》的全部内容就是对于人的意识从最低级的阶段"感情的意识"达到"绝对知识"即"纯粹概念"所经历的漫长道路的描述。可以说，《精神现象学》可以被刻画为一本哲学游记：它为我们描述了意识通过历史向着自我认识进行的旅程。黑格尔说，现象学是一个阶段接着一个阶段的"灵魂之路"，通过这些阶段，灵魂一点一点地察觉到自己先前意识阶段的不足，觉察到我们作为思想和行动之出发点的各种历史的相对的先验预设的缺陷。人的意识从最初的最直接的感性阶段到"绝对知识"的漫长道路，在黑格尔看来，可分为三大段落：

第一个大段落包括"意识"、"自我意识"、"理性"。所讲的是个人意识发展史，这里也讲了许多社会意识，但那只是作为一种例证。首先，"意识"是指人的意识发展的最初阶段，又可划分为"感性确定性"、"知觉"和"知性"三种细分加以论述。其次，在"自我意识"中，主体与客体得到了初步的统一，在这一阶段意识以自身为对象，经历了"欲望"、"主奴关系"和"苦恼的意识"等阶段。最后，当"自我意识"发展到"理性"阶段，意识由否定对方的态度转化为肯定的态度，从而认识到"实在即理性，理性即实在"。这是理性所断定的原则，也是主体与客体进一步的对立统一。照黑格尔看来，从意识、自我意识到理性是个体意识自身发展的圆圈运动；精神则是社会意识的表现，宗教是绝对意识的现象形态，绝对知识是绝对意识的本质形态。而"个体意识——社会意识——绝对意识"

则构成人类的主体活动，即意识形态或精神现象辩证发展的圆圈。

第二个大段落是"精神"，这里所谈的是整个社会历史的发展。社会历史是意识发展过程的扩充，黑格尔认为，个体性与普遍性，主体与客体要得到进一步的统一，就不能停留在只围于个人意识的"理性"阶段，而必须在社会历史中实现自己、社会。理性只是单纯意识发展的顶点，它是人类认识能力发展的高峰，是人类长期生长发育并在客观条件影响下形成的，黑格尔认为理性是超于人世的，当它下降尘世与这个世界合而为一时，它便成了精神。伦理是真实的精神，也就是客观的精神，伦理实体在其自身的运动过程中，由于其自身中自行分裂的本性，使分裂为不同方面的伦理本质，即"它分裂为一种人的规律和一种神的规律"。

第三大段落包括"宗教"与"绝对知识"两个阶段，在这个大段落里，意识以无限的、无所不包的"绝对"为对象。在以前诸阶段里，意识的发展始终停留在有限的范围内，主客观的统一并未最终实现，只有在"宗教"与"绝对知识"阶段，意识才进入无限，从而最终实现主客观的统一。宗教感情是主体矛盾集结无法排遣的一种苦恼情绪，它祈求托庇上苍给予心灵的慰藉，以缓解自己的郁闷心情。一个人尽管不信仰宗教，但这样一种感情总会流露出来的。宗教包括"自然宗教"、"艺术宗教"、"天启宗教"三个阶段。只有意识发展到"绝对知识"的阶段，才是以精神的形式认识精神，即以概念的

形式来认识概念，宗教的表象形式、宗教的对象性质，限制了它圆满地表达意识的最高形态，因此它必须发展成为以绝对理念为中心的绝对知识。他把"绝对知识"又叫做"哲学知识"，哲学是以概念的形式把握绝对。至此，主客体达到了最后的最高的统一。

❀ 作为意识发展史的精神现象学

在精神现象学中，黑格尔运用辩证的方法和发展的观点来研究分析人的意识、精神发展的历史过程，由最低阶段以至于最高阶段分析其矛盾发展的过程。精神现象学可以被认做"意识发展史"，这一特点，恩格斯说得最为简单、明白、扼要。恩格斯说："精神现象学也可叫作同精神胚胎学和精神古生物学类似的学问，是对个人意识在其发展阶段上的阐述，这些阶段可以看做人的意识在历史上所经历过的诸阶段的缩影。"

说到这里必须区别开黑格尔对"意识"和"精神"这两个名词的狭义和广义的用法。狭义的意识只是精神现象学的最初阶段，它只是指"关于对象的意识"而言；就意识"关于它自己的意识"而言，则是自我意识。所以狭义的意识不仅和精神不同，而且和自我意识也有区别。但广义的意识则包括一切意识的活动，如自我意识、理性、精神、绝对精神都可说是意识的各个环节。当黑格尔说"意识发展史"、说

"意识的诸形态"，或者说精神现象学是"关于意识的经验的科学"时，都是指的广义的意识。至于狭义的"精神"，则只是精神现象学中的第四个大阶段所论述的精神，这主要是指社会意识、时代精神、民族意识等群体性的意识。简言之，狭义的"精神"一般是指"客观精神"；而广义的"精神"，则包括意识、自我意识、社会意识、绝对精神等环节在内。广义的"精神"与广义的"意识"在许多地方是可以互用的。

黑格尔本人在《精神现象学》的序言和导论中都曾说："精神现象学所描述的就是一般科学或知识的形成过程。"又说："意识在这条道路上所经过的它那一系列的形态，可以说是意识自身向科学发展的一篇详细的形成史。"这就更明确说出，精神现象学所论述的是意识获得的科学或知识向科

《精神现象学》英文版封面

学发展的发展史或形成史。黑格尔又把精神现象学概括为"关于意识的经验的科学"。他在这里以及本书中许多地方所谓"经验"都是指"经历"或发展过程。换言之，"关于意识的经验的科学"也可了解为"关于意识的形成史或发展史的科学"。

黑格尔所以能够发挥出"意识发展史"这门学问，也还是在前人提倡号召的基础上提高发展而来的。最早，德国浪漫文艺理论家希勒格尔曾提出"对人的精神的真正的发生发展的研究实际上应该是哲学的最高任务"的号召。

席勒在他的《人的审美教育通信集》的第24封信里，把人及人类的发展分为"三个不同的环节或阶段"。这三个阶段是："人在他的自然状态中单纯忍受自然力量的压迫；在审美状态中他把自己从自然力量中解放出来；在道德状态中他支配自然力量。"

费希特1804年至1805年冬在柏林所作的《当前时代的基本特点》讲演中，把人的"世间生活"或"人类逐渐教养的过程"分为五个时代。也可以说是"理性发展史"的五个时代，费希特企图描画出人类的教养和理性发展的阶段，其提出的任务与黑格尔的精神现象学有相同之处。他的粗疏简略的"理性发展史"也恰好为黑格尔较系统的"意识发展史"开辟了道路。

谢林在他的《先验唯心主义体系》里也说过："全部哲学应看成自我意识前进着的历史……为了确切和充分制定这个历史，主要在于对历史的个别时期及每一时期中的个别环节，不仅

要加以明确划分，而且又要表明它们彼此的次序，可见任何有必然性的环节是不可以被躐等越过的，而这样就提供全体以一个内在的联系。"

费希特和谢林都同黑格尔一样曾经想要在唯心主义的基础上提出一个类似"精神现象学"的东西，或者叫做"理性发展的各个时代"，或者叫做"自我意识的前进历史"，或者叫做"意识发展史"。

但是，费希特、谢林之所以不能完成像"精神现象学"这样的体系，主要因为他们缺乏黑格尔的"历史感"和系统的辩证方法。所以尽管在黑格尔以前或同时，提出要研究意识发展史任务的人很多，但都没有系统地发挥出来，而黑格尔的"精神现象学"体系的出现，又一次证实了他自己的有名的一段话："那在时间上最晚出的哲学系统，乃是前此一切系统的总结……将必是最丰富、最渊博、最具体的哲学系统。"我们知道，早在黑格尔以前，近代自然科学家就开始运用历史方法进行研究。黑格尔把精神现象学提出来作为"意识发展史"的研究，也正是就当时德国思想界、哲学界的代表人物所提出的号召和任务给予比较系统的完成。黑格尔"精神现象学"的出现，运用了辩证法，发挥了历史观点，初步地发挥出逻辑的东西与历史的东西统一的理论，完成了当时哲学界提出的任务，是有其进步的意义和重大的功绩的。（佚　名）

马克思眼中的精神现象学

马克思特别注重黑格尔的《精神

现象学》，曾称"精神现象学是黑格尔哲学的真正起源和秘密"。在《德意志意识形态》中又曾称"精神现象学是黑格尔的圣经"。

我们认为说"精神现象学是黑格尔哲学的起源和秘密"与说"精神现象学是黑格尔的圣经"意思基本上相同。所谓精神现象学是黑格尔哲学的"秘密"，意思是说，精神现象学是理解黑格尔哲学的关键，是打开黑格尔哲学的奥秘的钥匙。

什么是这种钥匙的关键和秘密呢？这就是马克思所指出的黑格尔精神现象学的"最后成果"，这也就是"作为推动原则和创造原则的否定性的辩证法"。所谓"否定性的辩证法"表现在贯穿着"精神现象学"的"异化"或"自我意识的异化"这一概念上。马克思指出：精神现象学就是"按照实际人的存在、自我意识的异化的现象去加以研究"，因而"掌握这种知识的科学"。换句话说，精神现象学就是研究自我意识的异化的现象的科学。马克思洞见到精神现象学作为研究意识形态的科学，也就是以研究人或自我意识异化的各种不同形态为对象。

由于马克思抓住了精神现象学中所表述的"异化"——"否定性的辩证法"作为黑格尔哲学的秘密、关键和合理内核，他还进一步肯定"精神现象学里面包含有'批判的成分'"。尽管马克思指出精神现象学中已经潜伏着黑格尔后来的著作中的无批判的实证主义和同样无批判的唯心主义的萌芽，但是他却发现了里面的批判成分。这就是说，"异化"的概念，否定性的辩证法是包含有批判成分的，加以吸收、改造、颠倒、剥掉其神秘化的外壳，就可以"发挥出远超过黑格尔观点的方式"。精神现象学中的批判成分，在于黑格尔分析各种意识形态时，即指出其矛盾，往往把后一意识形态看成前一意识形态的批判，把前一意识形态看成由于自身矛盾而向后一意识形态过渡。我们应重视精神现象学中的批判成分，同时还须批判其神秘化和无批判的唯心主义。

我们主张把精神现象学作为黑格尔哲学的真正起源与作为黑格尔哲学的秘密分开来谈。说精神现象学作为黑格尔哲学的秘密是指其异化原理和否定性的辩证法，前面已略加剖析。说精神现象学是黑格尔哲学的真正起源，据我们理解，是说精神现象学已经包含着后来黑格尔全部哲学的雏形、萌芽和主要的观念。也就是说，黑格尔以后著作都是精神现象学某些思想的发挥、发展，都可以在精神现象学中找到它们的源头。

《精神现象学》在美学上受到德国当时浪漫文艺思潮的感染和浸润，复超出了美学上的浪漫主义。对某些意识形态的分析批评都是以当时一些重要文学名著为根据的。很多地方表现了歌德、席勒对他的影响。可以简单说，《精神现象学》有许多地方体现了黑格尔很深的文学艺术修养，表现了许多文学家对他的影响，而且《精神现象学》中某些描写典型的意识形态的篇章还饶有文学趣味。

最后，须指出的就是《精神现象学》涉及宗教的地方很多。著名的论"苦恼意识"的章节是对中世纪出世的宗教意识形态以及十字军东征的宗教意识基础的深刻的分析批判。第七章专论"宗教"一章，其轮廓分为自然的宗教、艺术的宗教和天启的宗教与黑格尔死后出版的《宗教哲学演讲录》中所提出的宗教发展三个阶段：自然宗教、精神的个体性的宗教、绝对宗教（即天启宗教）是大致相同的。

根据以上这些材料看来，《精神现象学》实在可以说是黑格尔整个哲学体系和哲学著作的源泉或诞生地。这就是说，他整个哲学体系的重要的萌芽思想和基本纲领大都可以在《精神现象学》中找到。在这个意义下我们基本上同意如下的一些说法："看来精神现象学同时包含体系的一切部分"，"黑格尔的体系后来发挥成为许多环节的全体只是包含在现象学中的东西之展开与完成"。同时，我也大体上同意新近一位英国资产阶级黑格尔研究者芬德烈所说的话："研究精神现象学的主要报酬在于看出：黑格尔以后体

黑格尔

系的每一个概念和原则没有不是在精神现象学中可以找得到的,而且常常是在更透彻、更有启发性的形式中找到。"这表明《精神现象学》内容很丰富,有启发性,可以引导人进一步钻研他的其他著作。同时也就由于许多线索的思想涌现在一本书里,但还没有达到体系成熟、概念严密明确的境地,因此表现出文字生硬晦涩、各个阶段和意识形态的过渡和联系常常显得武断勉强等种种缺点。(贺　麟)

大师传奇

　　黑格尔是19世纪德国古典哲学家,客观唯心主义者。1770年8月27日,当黑格尔降生在德国斯图加特城的一位税务书记官家中时,没有人会料到,这个孱弱的婴儿在其一生中竟会以摧枯拉朽的激情和巨人般的勇气将人类精神推进到一个令世人目眩的高度。

　　1788年10月,年轻的黑格尔到图宾根神学院学习哲学和神学。在深造的几年里,黑格尔思想上受到卢梭等人很大的影响,法国大革命在青年黑格尔心目中留下了不可磨灭的印迹。成为大哲学家后的黑格尔把法国大革命的福音(即自由与民主),当做他的哲学所追求的理想,倾其毕生心血镌刻着这一理性精神的丰碑。在大学时期的生活和学习,这一追求引导他开始研究政治和宗教,并对现实进行批判。

　　1801年,黑格尔来到了当时德国哲学和文学的中心耶拿,开始了他一生中具有决定意义的一个阶段。黑格尔在耶拿时期,是他把自己的理想变为体系的一个转折点。这一年他写了《费希特和谢林哲学体系的差异》一文,参加当时的哲学争论。这是黑格尔发表的第一篇哲学论文。四年后,黑格尔获得副教授职称。在这一年开始写《精神现象学》,并于两年后出版。它标志着由康德开始的德国哲学革命进入了新的阶段,也标志着黑格尔已经成为一位成熟的和独树一帜的哲学家。黑格尔在这部巨著中划时代地提供了一部人类意识的发展史,《精神现象学》作为人的意识发展诸阶段的缩影,深刻地揭示了人的个体发展及人类社会发展两个方面的历史辩证法。

　　在纽伦堡,黑格尔完成了另一部巨著,即1816年出版的《逻辑学》。在黑格尔的体系中,《逻辑学》占有核心的地位。如果说《精神现象学》是黑格尔第一次扬帆远航,那么《逻辑学》就是黑格尔远航途中抵达的第一个岛屿,黑格尔将自己哲学的全部秘密、全部真理,尽在此"宝岛"中展示。除了《精神现象学》之外,他把自己的其他著作都看作是《逻辑学》的展开和应用。1816年,黑格尔到海德堡任哲学教授,开始享有盛誉。他根据讲课提纲编辑成《哲学全书》出版,每次再版都作了重要修改。1818年,黑格尔在柏林被任命为普鲁士王国的教授。他在此的主要著作是《法哲学原理》。在这一时期,黑格尔还讲授历史哲学。

　　黑格尔的主要著作包括《精神现象学》、《哲学全书》(其中包括逻辑学、自然哲学、精神哲学三部分)、《法哲学原理》、《美学讲演录》、《哲学史讲演录》、《历史哲学讲演录》等。

宗教哲学是黑格尔在柏林时期开设的一个课程，他的宗教思想是促成他死后黑格尔派分裂的一个重要原因。在这一点上他继承了亚里士多德以来理性主义的神学传统，表现了明显的近代色彩。从来不把宗教归结为教士的欺骗，而把它看作是历史和当代深刻矛盾冲突的表现及其解决。人对神的观念同人对自己的观念相应，这是黑格尔的一个重要观点。1829年10月，黑格尔被选为柏林大学校长并兼任政府代表。1831年黑格尔因患霍乱病逝。

YANSHEN YUEDU 延伸阅读

《美学讲演录》一书反映了黑格尔的美学思想，是他的哲学体系在美学和艺术领域中的具体表现。这是他整个哲学体系的一个组成部分，也是他的哲学体系在美学和艺术领域中的具体表现。黑格尔认为：世界的本原是"精神性"的理念，整个世界是绝对理念自我认识、自我实现的过程。艺术、宗教、哲学是"绝对理念"在精神阶段发展中的最高阶段。艺术的根本特点是理念通过感性的形象来显现自己、认识自己，黑格尔美学思想的核心是"美是理念的感性显现"。在黑格尔看来，"自然"显现理念不充分、不完善，不是真正的美。只有艺术美才是真正的美。只有艺术美，才是心灵的产物，才能"把每一个形象的看得见的外表上的每一点都化成眼睛或灵魂的住所，使它把心灵显现出来"。黑格尔分别对艺术的性质和特征、艺术发展的历史类型和各门艺术的体系，进行既是逻辑的又是历史的分析。逻辑方面，他建立了一个庞大的有关艺术的唯心主义哲学体系；历史方面，他开创了艺术社会学的研究，展示了宏伟的历史观。黑格尔的美学思想在西方美学史的发展过程中，起了划时代的作用，成为古典美学的集大成者。

* * * *

黑格尔的《法哲学原理》在西方法哲学史上具有承上启下的重要作用。在这部书中，他的辩证法贯穿了他的整个法哲学。他把法的现象归纳成为一个完整全面的体系，他的理论几乎涉及了当时存在的各种法律部门，它将自柏拉图以来的形而上学法哲学发展到了极端，实证主义法哲学从此取而代之。《法哲学原理》在世界法学发展史上有着重要而又独特的学术地位，黑格尔第一次将逻辑与历史相一致的方法引入法哲学研究，努力使逻辑的起点和历史的起点一致，逻辑的发展和历史的发展同步，由此建构起系统完整的法哲学体系，"第一次为全部历史和现代世界创造一个全面的结构"，也正如恩格斯所说，黑格尔的法哲学形式是唯心主义的，内容是实在论的。黑格尔法哲学的方法和体系对于后来的法哲学家有着很大的启迪。马克思和恩格斯也正是在分析批判《法哲学原理》的过程中产生了自己的法哲学。

该书堪称西方法律思想史上最系统的法哲学专著。黑格尔在其中对法哲学的对象、性质、范围和内容等做了明确详细的论述，观点丰富新颖，体系严谨完整，研读它可以大大拓展我们法哲学的视野。同时，该书也是最晦涩的一本法哲学著作。欲了解《法哲学原理》和篇章内容，需大致了解黑格尔哲学体系的演进脉络和主要结构。

《法哲学原理》由导论和抽象法、道德、伦理三大篇构成。其中每一篇又包括三章。典型地体现着黑格尔所严守的肯定、否定、否定之否定的辩证思维方式。贯穿全书的逻辑主线是自由意志，每一篇章的内容都是自由意志的合乎逻辑的演进。

青少年必知的西学经典

作为意志和表象的世界

叔本华　Schopenhauer(德国　1788年－1860年)

> 我发现了一面镜子,在这本《作为意志和表象的世界》里面,我看世界、人生和自己的个性被描述得惊人地宏伟。你要我证明叔本华的正确,我只能简单地对你这样说:我之所以能勇敢而自由地正视人生,是因为我的双脚已找到了坚实的土地。
>
> ——德国哲学大师　尼　采

叔本华在世时,他的哲学整整沉寂了30多年。终于有一天,他像一个从一场长期、艰苦的战争中凯旋的英雄,顿时名噪全欧、誉满天下。他替许多人明白表示出一种感觉,这种感觉过去一向是隐而不现的,因此也是一知半解的。这种感觉还告诉我们,19世纪的进步并不是走向太平盛世的黄金时代。只有在这个时代,那悲观主义的解释者和证明者才会发现自己的听众。因此,叔本华成功了。

叔本华在西方哲学史上的地位和作用是不容忽视的,他是唯意志论哲学的创始人,他抛弃了德国古典哲学的思辨传统,力图从非理性方面来寻求新的出路,提出了生存意志论。人生就是一种痛苦,一个人所感受的痛苦与他的生存意志的深度成正比。生存意志越强,人就越痛苦。要摆脱痛苦的途径只有一条,就是抛弃欲求,否定生存意志。他认为一个人可以通过艺术创造和欣赏来暂时解脱痛苦,但最根本的解脱办法是,进入佛教的空无的境界。

叔本华,这样一位一生不为吃喝担忧、奔走挂虑,不为仕途操心的哲学家,却把人生描绘得如此灰暗,把幸福看得如此一钱不值,着实让人感到惊奇。他之所以会取得这样的成功,主要是因为悲观主义容易使人感动,他摆脱了传统的宗教情操,他以悲观主义重新解释基督教,不必使世界的邪恶与上帝的存在调和,这是一个很大的安慰。还有就是他的基本观念的简单性,他写作的简明易懂。叔本华使用的文体是19世纪德国人的典型文体,他适当地运用流行的习惯语,用一种非专家的普通读者所能了解的方式来讨论形而上学的问题。叔本华的哲学以及一切细节，都在他的那本代表作《作为意志和表象的世界》里有了充分的说明。纵观他后来写的一切东西，这种哲学思想始终没有变动。近代，有许多大的思想家、文学家、艺术家如尼采、瓦格纳、托马斯·曼等人，无不直接或间接地受到叔本华哲学的影响，其中尤以尼采所受的影响最为突出。尼采曾在1874年发表的一篇论文中把叔本华视为教育家，这是因为他使一切现代人得以发现"真正的自我"。尼采之所以能面对现实——冷漠、丑恶而充满悲惨的现实，实在是得之于叔本华的教训，尼采也由此建立了他自己的思想和哲学的基础。

旷世杰作

《作为意志和表象的世界》是叔本华阐明其意志主义哲学的最主要的著作。我们将在叔本华的这部代表作里读到叔本华哲学思想的四个主要方面，这就是：唯我主义的唯心论、唯意志论的哲学体系、反理性主义的哲学立场和悲观主义的人生观。

第一，"世界是我的表象"，这是普遍真理。

世界是我的表象，这是一个真理，是对于任何生活着和认识着的生物都有效的真理。他周围的世界只是作为表象而存在着的，也就是说这世界的存在完全只是就它对一个其他事物的，一个进行"表象着"的关系来说的。这个进行表象者就是人自己。掌握这一事实，乃是迈向哲学智慧的第一步。

世界上的一切，都具有以主体为条件，并为着主体而存在的性质。那认识一切而不为任何的事物所认识的，就是主体。因此主体就是这世界的支柱，是一切现象、一切客体一贯的、经常作为前提的条件；原来凡是存在着的，就只是对于主体的存在。因此，作为表象的世界，有着本质的、必然的、不可分的两部分：一半是客体，另一半是主体。

第二，世界之作为意志，意志的客体化。

"世界是我的表象"只是半个真理，完整的真理是世界还是意志。表象的世界是"现象"的世界，在它之外还有一个世界即作为"自在之物"的意志。意志是这世界的内在本质，意志无处不在。而意志的可见性，其表现（客体化）就是人的身体的活动，就是事物的运动。

万物皆有意志，而意志在万物中则始终是完整的，不能说石头里面是意志的一小部分，人里面是意志的大部分。但意志的可见性，意志客体化的程度则有高低大小之分。

第三，认识为意志服务，直观是一切证据的最高源泉。

认识自始以来，并且在其本质上就彻底是可以为意志服务的。认识照例总是服服帖帖为意志服务的，认识也是为这种服务而产生的；认识是为意志长出来的，有如头都是为躯干而长出来的一样。

没有一种科学是彻头彻尾都可以证明的，科学的一切证明必须还原到一个直观的，也就是不能再证明的事

青少年必知的西学经典

物,直观是一切证据的最高源泉,只有直接或间接地以直观为依据才有绝对的真理;并且确信最近的途径也就是最可靠的途径,因为一有概念介于其间,就难免不为迷误所乘。

第四,摆脱意志的纯粹认识主体:审美观与自失的怡悦。

认识虽可以为意志服务,但在从低等动物经高等动物,发展到人以后,有时可以成为例外。认识可以从为意志服务中摆脱出来,这时就从认识个别事物过渡到认识理念了。主体已不再仅仅是个体的,而已是认识的纯粹而不带意志的主体了。

艺术复制着由纯粹观审而掌握的永恒理念,复制着世界一切现象中本质的和常住的东西。艺术的唯一源泉就是对理念的认识,它唯一的目标就是传达这一认识。它比科学高尚得多,科学只考察个别的事物,只考察现象,它好比是无来由、无目的的大风暴,而艺术则是穿透这风暴的宁静的阳光。科学好比瀑布中永不停息的水点,而艺术则是照耀着它的安谧的长虹。而悲剧艺术暗示着宇宙和人生的本来性质,是文艺的最高峰。

第五,生命的悲剧意识及由禁欲而来的永恒的解脱。

意志的欲求和挣扎是人的全部本质,完全可以和不能解除的口渴相比。但是一切欲求的基地却是需要、缺陷,也就是痛苦。所以,人从来就是痛苦的。如果相反,如果人的欲求得到了满足,那么可怕的空虚和无聊就会袭击他。所以人生是在痛苦和无聊之间像钟摆一样地来回摆动着,事实上痛苦和无聊两者也就是人生的两种最后成分。

任何个别人的生活,如果是整体的一般地去看,当然总是一个悲剧;但是细察个别情况则又有喜剧性质。所以认识作为意志的"清静剂"又带来真正的清心寡欲时,才是达到解脱的途径,才因而是值得敬重的。

因此要走上禁欲之路,只有认识意志的本质,使这种认识成为意志的"清静剂"之后才有可能。禁欲行动是这种认识的表现,在认识一经出现,则情欲就引退了。禁欲分为三种:自愿放弃性欲,甘于痛苦和死亡;禁欲主义还表现为自愿地能以无限的耐心和柔顺来承受羞辱和痛苦,毫无矫情地以德报怨;而最高度的禁欲是自愿选择绝食而死,自杀是对生命意志的肯定。

经典导读

哲学中的诗与美

叔本华的著述活动是在 19 世纪上半期,但他的影响却发生在归属于现代思潮的、兴起于 19 世纪末的新浪漫派。

叔本华与德国古典哲学那几位大师是同时代人。但令人感到奇怪的是,他的注意力与古典大师们截然不同。他关心的不是思辨唯心主义那一套东西,而是生命、生存、人生。像克尔凯戈尔所想的那样,就生命来说重要的不在于遭遇过多少奇特的经历,遭遇过多少悲苦的磨难,而在于要发

青少年必知的哲学经典
QINGSHAONIAN BIZHI DE XIXUE JINGDIAN

掘生命的内在深度。有了这一深度，最平凡的事也能变得富有意义。叔本华正是从生命的内在意义出发去思考哲学问题的。但他与克尔凯戈尔不一样的是，后者走向了诗意的神学，他却走向了诗意的悲观主义。

叔本华讲："世界是我的表象，这是一个真理，是对于任何一个生活着和认识着的生物都有效的真理。"他在这里的意思是什么呢？实际上是说，他的哲学所涉及的是生命的世界，而不是单纯的实在界。叔本华所谓的世界不是指传统认识论所要把握的那个经验实在的世界，而是人生世界，这一本体论上的差异是至关重要的。他的论断经常是：人生如梦，万事皆空，这个世界只受着意志的偶然性的支配，而意志又是盲目的、非理性的，因此，这个世界没有价值可言。

在叔本华看来，意志与表象之间的关系，就构成了与科学的实在世界完全不同的一个人生世界。所以他讲，世界上的一切都要以主体为条件，它们只为了主体而存在。人生世界中的人作为主体既是认识的主体，又是认识的客体，这就是作为人的世界的特征。因此，叔本华要把意识设定为理解存在的最高范畴。没有人所意识着的对象，也就没有世界可言。但在叔本华的理论的逻辑上，还明显地带有传统形而上学的痕迹，这就是把意志本体设定为一种实体性的东西。他是依据斯宾诺莎的神学传统的推论实体来确立意志和表象的关系的。这就是说，意志对于表象来说，是最终的实体，一如上帝是世界的形而上学的最终的实体。意志具有形而上学的给予性，悲哀、凄凉、无意义的世界经验都是它给出的。于是，他又把意志本体推进到客观唯心主义的立场上，使它也成为客观的自然实在的根据。

尽管叔本华在认识论的转换上拖泥带水，但他极其突出审美直观，这在浪漫美学的发展中具有重要的意义。在审美直观上，他否定了根据律的作用，指出审美直观必须用观审法，而不能用按根据律进行的一般的认识方式。审美直观的目的直接是服务于感性个体的生存价值的超越。在叔本华的悲观主义体系中，这种生存价值的超越就是要摆脱意志的束缚。因而，审美直观必须是超时空的。具有审美直观的主体"已不再按根据律来推敲那些关系了，而是栖息于、沉浸于眼前对象的亲切观审中，超然于该对象和任何其他对象的关系之外。"

与浪漫派诗哲的见解相似，审美直观是直接指向终极的实在，指向绝对的本源的。在叔本华，这一绝对的本源当然只能是意志，而不是浪漫派所讲的具有实体意义的上帝。但更紧要的是，审美直观直接指向作为终极实在的意志，不是去认识它，不是把它作为涉及实在的真理之源来理解，而是像神学中的信仰和启示那样，达到一种彻悟，进而摆脱意志的束缚，使自己成为纯粹的、无意志的、无痛苦的、无时间的认识主体。这就是叔本华的本体论的诗化。意志本体被抛出于时间之外，被抛出于一切实在的关系之外，主体澄化了内在盲目的冲动，沉浸于超越了主客体对立的无我之境,这就是诗,就是本体的浪漫化,就是本体的诗的显现。

审美直观能力的获得,在叔本华看来,也是感性个体的精神境界的提高,是自我超越的实现。因为,审美直观的能力并不是人原来就有的,只有在作为主体的人发生了一种变化之后,在澄化了意志之后,成为无我(非意志)的纯粹主体时,才能获得这种能力。所以,叔本华所推崇的那种审美的人格,是非意志的、陶然忘我的人格,超越了一切对待的纯粹主体,它只沉浸于一种由自己的审美直观所给定的那一片心境之中。从这一立场出发,叔本华进一步明确并发挥了康德的审美判断的无利害性的见解,把超功利、无利害进一步明确为超动机、无意志。审美的人格就是纯粹的主体,是非个体、非意志的纯粹自我性,是无时间、无痛苦的直观者,它与审美心境合二为一了,整个主体意识完全为一个单一的审美的直观景象所充满、所占据。这种审美的主体人格与审美心境合二为一,颇近似于当代著名人本心理学家马斯洛所提出的高峰体验。

叔本华的非意志论是值得注意的。他与后来尼采扩张意志力刚好相反。叔本华的唯意志主义实际上是非意志主义。许多人喜欢把庄子与尼采放在一起,实际上他们两人在思路上是截然相反的。庄子的无我、坐忘更与叔本华相同。

问题的关键更在于,叔本华的归宿是错误的。的确,人类的全部生活是在向往某种东西和获得某种东西之间继续下去。愿望当然与痛苦、凄凉、空虚、烦闷紧密相关。但由此而推导出寂灭论,就成了不足取的反人生论。彻底的悲观主义的人生态度肯定是不应赞同的,哪怕它披着审美的外衣。

不过,叔本华的非意志论尽管带有浓烈的厌世色彩,但在素来强调意志力量的德国思想史上,却算是唱出了绝响。从康德、费希特到尼采、海德格尔,都有把意志本体论化的明显趋向。叔本华固然也是意志本体论的确立者,但他的思路却是相反的——否定意志。在现当代,西方世界目睹意志狂肆所带来的灾难后,纷纷转向东方的无我、无为、非动机、非意志。人是有意志的存在,人应该如何来把握自身的意志力,确实是一个重大的问题。它与美学并不是不相干的,相反,倒恰恰具有本质上的必然联系。(刘小枫)

叔本华从基督教到东方宗教的转向

在西方,叔本华"通常被视为第一个或唯一的一个试图将他的哲学与东方的思维方式结合起来的西方现代哲学家"。的确,叔本华在西方率先起来彻底批判基督教,积极肯定和汲取东方宗教。正是叔本华从基督教到东方思想的转向对包括尼采在内的现代西方人本主义思潮的形成产生了深远的影响。

叔本华在其代表作《作为意志和表象的世界》中将了解康德哲学、柏拉图哲学和印度的《奥义书》看成是能够理解他的著作的三个条件。这三个条件在叔本华的哲学中所起到的作用分别是这样的：康德是叔本华的起点，柏拉图是中介，《奥义书》所代表的东方宗教则是精神归宿。叔本华通过重新理解康德和柏拉图，背离了基督教，走到与东方的《奥义书》相接近的宗教立场上来。从这一思想发展过程可以看出，叔本华并不是首先受到东方宗教的影响才去批判西方传统的理性主义和基督教，然后成为一个意志主义者和无神论者的。相反，他在一开始只是从反思和批判西方理性主义和基督教的传统出发，然后才与东方宗教相沟通并受到后者的影响的。正是在此意义上，我们才可以说叔本华从基督教转向了东方宗教。

叔本华从基督教到东方宗教的思想轨迹是这样的：康德→柏拉图→《奥义书》。这一轨迹对于叔本华可以作这样的翻译：西方近代哲学的终点→西方古代哲学的开端→东方《奥义书》。

《作为意声和表象的世界》
英文版封面

的接触点。可见，叔本华从基督教到东方宗教的转向先后经历了从康德到柏拉图再到《奥义书》两个发展环节。在这两个环节中，前者只是一个必要的过渡，后者才是具有决定性的转变。前者代表叔本华通过对西方哲学的追溯试图给予康德的问题一个肯定的答复，后者则代表叔本华与西方基督教传统的决裂和对东方宗教的认同。叔本华是西方理性主义和基督教神学传统的否定者和东方宗教的肯定者。

叔本华的宗教转向不是个人性的偶然事件，而是对于西方哲学、基督教和东方宗教来说都具有历史意义的事件。它预示着西方哲学、基督教和东方宗教传统将发生深刻的改变。这就是说，叔本华的宗教转向为西方哲学的现代发展，为西方哲学和宗教与东方宗教的交汇以及东方宗教自身的改革都带来了一线生机。

首先，叔本华从基督教到东方宗教的转向对于西方哲学和宗教传统具有颠覆性的意义。叔本华动摇乃至摧毁了西方理性主义哲学和基督教信仰的基础。一方面，这对于西方意味着一种危险的价值真空，因为它使西方突然失去了其几千年来赖以存在的基础，而又不可能像叔本华那样接受东方宗教作为自己精神的归宿。另一方面，这对于西方又具有一种解放性的意义，因为它使西方人从此摆脱了全知全能的上帝的压制和束缚，获得了前所未有的自由。取代具有客观性的上帝和理性的是具有主体性的意志和直觉。

其次，叔本华的宗教转向，推动了

青少年必知的西学经典

西方哲学和宗教与东方宗教的交汇。这包括两个方面,一是叔本华在西方开创了一个运用东方思想反思西方哲学和宗教传统的趋势。在此之后,现代哲学家在面临传统的理性主义和基督教信仰的危机时,往往沿着叔本华的道路继续从东方宗教传统中寻求解决的途径。二是叔本华的宗教转向在历史上第一次真正打破了西方哲学和宗教与东方宗教之间的隔离,为东西方哲学和宗教的融会开辟了道路。叔本华企图建立一种哲学,将基督教与印度教、佛教统一起来。这一尝试本身对于建立一种世界性的哲学和宗教具有启发性的意义——这在当今全球化的时代,宗教冲突仍不断发生的情况下更具前瞻性。叔本华在哲学和宗教上敢于打破传统、地域、民族等的限制,努力学习和汲取异于自己的经验和思想,倡导一种世界主义,这一倾向在今天看来是值得肯定的。

最后,叔本华的宗教转向对于西方的意义已经得到历史的证明,但它对东方的启发却还远未被揭示出来。叔本华看到了东方宗教对于西方的启蒙意义,而对东方宗教本身存在的问题却并不甚清楚。他主要是把东方宗教当做一面镜子来映照西方,促使西方认识和克服自身的缺陷。东方也需要借助西方的哲学和宗教来反思和批判自己的思想传统。这并不是要使东方皈依于西方哲学和宗教,而是要借助西方哲学和宗教的中介来使东方走向现代,走向世界。(杨玉昌)

德国哲学家、唯意志论的创始人叔本华于1788年2月22日生于但泽,即今天波兰的格但斯克。父亲是一个大银行家,相貌长得令人不敢恭维,且脾气也很暴躁,而他的母亲却是一个颇有才气的女作家,聪明美丽、才华横溢,外国语也说得很流利。叔本华自己也曾说过:"我的性格遗传自父亲,而我的智慧则遗传自母亲。"

叔本华8岁那年,奉父命在法国巴黎学习了三年的法语。据他自己称,这是他一生中最愉快、最值得回忆的一段欢乐时光。之后,他回到了汉堡的父母身边,并在父亲的刻意安排下,进入到一所商业学校读书,以便将来能继承父业。由于叔本华的父亲是商界名流,母亲又与文艺界人士素有往来,所以他家中常有名人雅士来往。也许就是因为这种环境,使得叔本华开始嫌恶商业生活的庸俗和那种世俗味道,心里从此便埋下了做学问的种子。可是,叔本华的父亲坚信文人多穷的观念,坚持不让其独子弃商从文。

直到1804年秋,他的父亲去世后,

叔本华

127

叔本华才在母亲的应允下，脱离开因役般的从商生活，真正踏上了学术研究之路。1809年叔本华进入了哥丁根大学，叔本华除了本行哲学之外，还兼习医学、物理学、生理学、法律学、音乐等诸多学术领域，而且在各个领域都有所造诣，显露出其卓越的才华。

1814年叔本华离开母亲，移居德累斯顿。在那里，他勤奋著作，坚持不懈，终于用四年工夫写成了建立体系的主要著作《作为意志和表象的世界》。叔本华在给出版商的信中写道："我的著作是一个新的哲学体系，并且是一个不折不扣的新体系，因为这不是对某种已有的哲学体系的新的阐发，而是将一系列迄今还未有人想到过的思想最高度地结合在一起的一种新的哲学体系。"1819年初，叔本华的这一著作出版了，然而，这部倾注心血的作品并没有引起他所预想的轰动，一年半的时间内只卖出去了140本书，其余的都报废了，这使得他心灰意冷。之后，他还去柏林大学讲授他的哲学体系，可惜听者寥寥。1831年8月的一场鼠疫迫使叔本华逃离了柏林，这一沉寂便是20个春秋。直到1851年，人们在读到他的最后一部著作《附录和补充》时，才恍然大悟，认为叔本华说出了他们的心里话。于是，叔本华的形象在他们的心目中一下子高大起来，叔本华热一下子便席卷了全德的中产阶层。一直滞销的《作为意志和表象的世界》一书，立即成了抢手货，迅速销售一空。可是，这时候的叔本华已是一个老人了。1860年9月21日，他起床洗完冷水浴之后，像往常一样独自坐着吃早餐，一切都是好好的，一小时之后，当佣人再次进来时，发现他已经倚靠在沙发的一角，永远地睡着了。

叔本华的主要著作有《作为意志和表象的世界》、《悲观论集》、《伦理学的两个基本问题》、《人生的智慧》、《爱与生的苦恼》等。

《Y YANSHEN YUEDU 延伸阅读

《人生的智慧》 是叔本华写于1850年的晚期著作，在这本书中他以"优雅的文体"，暂时撒开了唯意志论的悲观主义人生哲学，格言式的笔触阐述了自己对人生的看法。逐一探讨关于人性、人格、地位、荣耀、名声等长久困惑人类心灵的问题，认为有智慧的人应该以超然而明智的态度对待世事。叔本华在书中对人生的判断有一个十分悲观的基点，即"世界的内容全是痛苦"，而人世痛苦的根源则是人受着意志的支配和奴役。

* * * *

《爱与生的苦恼》 是叔本华的另一部代表著作。在这部书中，叔本华认为，人这种生命现象也是求生意志的客体化，是一切生物中需求最多的生物。当人的生命现象为人的生命意志所肯定的时候，人生就是不幸和悲惨的。叔本华把意志在追求目的时受到的阻抑称为痛苦或缺陷，把意志达到它目的的状况称为幸福或满足。在这个意义上，痛苦是经常的，幸福是暂时的。因为人的追求没有最终目的，这种生命意志决定了痛苦和缺陷是人生的本质。此外，如果人的愿望得到一时的满足，那么随之而来的便是可怕的空虚和无聊。

青少年必知的西学经典

物种起源

达尔文　Darwin(英国　1809年－1882年)

> 达尔文的著作(指《物种起源》,编者按)非常有意义,这本书我可以用来当做历史上的阶级斗争的自然科学依据。虽然存在缺点,但是在这里不仅第一次给了自然科学中的"目的论"以致命的打击,而且也根据经验阐明了它的合理的意义。
>
> ——马克思

英国伟大的生物学家达尔文一生平平静静,飞黄腾达跟一个执著于科学的人毫不相关。但是作为思想史上的一颗巨星,使人仰望的是他从对化石的思索中找到人类起源于何处的答案,把人类从神学的束缚中解脱出来,从而使达尔文成为西方思想史上继牛顿之后将上帝驱逐出自然界的第二位杰出人物,而那本震撼整个人类灵魂的《物种起源》,也因此成为人类认识长河中极具思想价值的珍品,在人类思想发展史上留下了不可磨灭的印记。

在反叛宗教创世说的科学家中,达尔文算是幸运的。哥白尼在他临终的病榻上拿出的《天体运行论》长期被列为禁书;布鲁诺因宣传哥白尼学说被烧死在罗马鲜花广场;伽利略也由于信奉日心说而受到教会的警告,并

被判终身监禁;塞尔维特在他正要发现血液循环的时候被教会活活烧死了;有多少科学家因坚持自己的科学信念,不愿屈从宗教偏见而被迫流浪异国他乡。达尔文虽然遭到了恶毒的咒骂和攻击,但他的个人生活没有受到任何限制,而且他和他的朋友们还能自由地进行还击,使越来越多的人站到科学的进化学说一边。这是社会文明进步的结果。达尔文享受到了社会文明进步的成果,他也以自己辛勤的劳动为社会文明进步作出了巨大贡献。他虽然在达温长期过着隐居式的生活,但正如德国社会活动家李卜克内西说的,"他在宁静的庄园里准备着一个革命"。这个革命彻底摧毁了宗教创世说,改变了人们的思想观念,极大地推动了科学和社会的发展。

其实,华莱士也得出了与达尔文

的《物种起源》相似的理论,区别在于,他始终不愿意把人类归于自然序列,而达尔文坚持把唯物论贯彻到底。达尔文很担心这种挥之不去的哲学气息将会招致敌对,这是他推迟发表自己理论的真正原因。他期待"随着科学的进步逐渐启迪人的理解力",而不是一场革命,但并未如愿以偿,革命还是不可避免地来了,于是有了人类发展史上的一系列巨变,也使得《物种起源》在人类发展史上留下了不可磨灭的印迹。

K旷世杰作

在古代西方,神学家们认为世间的生物是神——上帝创造的,而且自创造之日起就不曾改变,他们为此做了周密的论证。但他们没想到的是,几个世纪以后,英国的达尔文在他的《物种起源》中提出了不同的观点,即物竞天择、自然进化。这一观点否定了一直以来统治人们思想的神造说,从而开启了生物学的科学进程。

在变化的生存条件中,生物构造的每一部分几乎都要表现出个体差异,这是无可争论的。如果其中有益于该生物的任何差异(或称为变异)确曾发生,那么具有这种性状的诸个体在生存斗争中会有最好的机会来保护自己。根据遗传原理,他们将会产生具有同样特点的后代。达尔文把这种保存原理,即适者生存,叫做"自然选择"。在《物种起源》中,达尔文指出这种自然选择在生物进化中的作用及其特征:"自然选择的作用,只在于聚集

轻微的、连续的、有益的变异,所以不能产生巨大的或突然的改变,它的步骤是短暂的、渐缓的,所以'自然界没有飞跃'的格言,为每次新增加的知识所证实。"选择的过程虽是缓慢的,如果力量薄弱的人类尚能在人工选择方面有所作为,那么,在长时间里,通过自然力量的选择,即通过最适者的生存,人类就能够绕开自身的素质和才能。达尔文认为生物的变异是没有止境的,一切生物之间以及它们与物理的生活条件之间互相适应的美妙而复杂的关系,也是没有止境的。

除"自然选择"原理外,《物种起源》又论述了变异及杂交两个生物学的基本问题,二者也构成了达尔文物种起源理论的第二层次的理论基础。达尔文在《物种起源》中谈到:"我完全相信,物种不是不变的,那些所谓同属的物种都是另一个已经绝灭的物种的直系后裔,正如任何一个物种的世所公认的变种乃是那个物种的后裔一样。"而正是变异的产生,使物种产生了进化。在杂交问题上,达尔文认为一切动物和植物都会偶然地进行杂交,即使是间隔很长时间后才进行一次杂交,杂交生下来的幼体在强壮和遗传性方面都远胜于长期连续同种受精生下来的后代,因此它们就会有更好的生存与繁殖其种群的机会。在此基础上,达尔文在《物种起源》中指出,即使间隔的时间很长,杂交的影响归根到底还是很大的。

理论探讨之外,达尔文还在《物种起源》中解释了人们为什么不愿意承认一个物种会产生其他不同变种的原

因，并谈及自己的理论产生所依靠的方式与手段，即通过近似于经验主义的材料积累，从而在材料来源的层面为自己的理论提供了证据。

《物种起源》的出版，在欧洲乃至整个世界都引起了轰动。它撼动了神权统治的根基，从反动教会到封建御用文人都被触怒了。他们群起攻之，诬蔑达尔文的学说"亵渎圣灵"，触犯"君权神授天理"，有失人类尊严。与此相反，以赫胥黎为代表的进步学者，则积极宣传和捍卫达尔文主义，他们指出：进化论轰开了人们的思想禁锢，启发和教育人们从宗教迷信的束缚下解放出来。现如今，当我们再次回眸那段历史，尚能感受到这本书所引起的激烈的争论，以及它带给人们思想深处的震动。

达尔文的微笑

人类的历史，是一个不断地从必然王国向自由王国发展的历史。自然科学史也是如此。在《物种起源》发表之前，许多古生物学家认为地球的生命史是以一系列灾变的大灭亡为标志的。在他们看来，物种是固定不变的，种的性质是生来具有的。有很多人曾对这一理论表示反对，例如阿德森在他的《植物家族史》一书中，就反对绝对的固定论；而布芬更致力于填平种间的鸿沟——将狼驯化为狗，把野兔培育成家兔。然而，这并不是新思想

发表的吉祥时刻。威尔士的论文《一个白人女性部分皮肤像黑人》，特别是劳伦斯的《人的自然史》提出"欧洲的皇室家族加上精神贫乏的腐朽贵族，能够通过'种系繁殖'而得到改良"的观点，冒犯了欧洲的统治者，面临被查禁的命运。

但是真理是无法被压制的，经过半个世纪的沉默和冷漠，伟大的达尔文的著作——《物种起源》——如同火山爆发一样震撼了全世界。《物种起源》的自然选择理论是自然科学史上划时代的里程碑，也是生物学进化论的奠基之作，它不仅开创了生物学发展史上的新纪元，使进化论思想渗透到自然科学的各个领域，在克服机械唯物主义自然观上起了巨大的作用，而且引起了人类思想领域的重大变革，在世界历史进程中有着广泛而深刻的影响。由于它既提供了生物进化的充足证据，又合理地阐明了生物进化的机制，且用自然选择的学说合理而科学地说明了生物的多样性和适应性，从而有力地打击了唯心主义的特创论和目的论利用生物的多样性和适应性长期宣扬的上帝有目的地创造生物的论点，这是唯物主义世界观的伟大胜利。马克思、恩格斯高度评价了达尔文的进化论，并把它引为自己学说的自然科学基础。恩格斯曾指出："目的论过去还有一个方面没有被驳倒，而现在被驳倒了。此外，至今还没有过这样大规模的证明自然界的历史发展的尝试，而且还做得这样成功。"确实，达尔文是成功的，他的成功在于他对观察的伟大献身精神，而思想界

半个世纪的缄默和沉思也帮了忙。从18世纪起,进化论经历了整整一个世纪的曲折发展之路,只有到了《物种起源》发表之日,才使这一理论上升为科学的定律。在其后的日子里,各种思想接踵而至,各种假定和学说不断问世,但无一不是在达尔文所建造的大舞台上进行的。

伟大的著作源于伟大的思想,《物种起源》的成功并不是偶然获得的,它首先得力于达尔文超前的思想,这也是每个给人类思想带来巨大变化的杰出人物的共同品质。在19世纪的欧洲,尽管资本主义有了相当的发展,人们的思想也早已因文艺复兴的兴起而向前迈了一大步。然而,在生物特别是人类自身的起源上,当时的欧洲人仍处在原始的蒙昧水平,神学依然在这一问题上占有绝对的统治地位,因

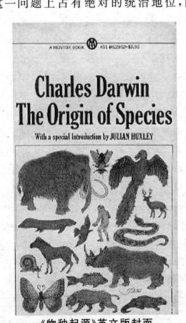

《物种起源》英文版封面

为只有它能给这个问题提供完整的答案。然而达尔文却跳出了神学的束缚,在神学之外寻找了解释物种起源的另一个答案。

《物种起源》的成功也离不开充分的准备。在达尔文之前,也有一些先进的生物学家试图寻求新的解释,然而他们的准备还不如达尔文充分,因此他们的解释未能构成一个有机的体系,从而产生足够的冲击力去动摇神学的理论基础,引起人们的思考,并最终对当时的人们产生震撼性的影响。相比之下,《物种起源》的准备就要显得充分得多,而且全书拥有一个核心理论,这一理论贯穿始终,使《物种起源》一书形成了一个统一的整体。正是凭借这种优势,《物种起源》才获得了前所未有的成功。

此外,《物种起源》的成功也离不开运气的帮助。人们常说,历史造就英雄。古往今来,有多少怀才不遇之士,只能借酒消愁,饮恨而终。与他们相比,达尔文要幸运得多。一些生物学家早在半个世纪以前就提出了物种进化的最初设想,为达尔文《物种起源》的发表奠定了基础。半个世纪以后,资本主义已经有了更进一步的发展,人们虽然未曾公开反对神学对于生物起源的解释,然而却在心里画了一个大大的问号。此时此刻,只差一个具备足够学识和足够胆量的人,公然站出来担负起用更加符合事实的理论来敲碎套在人们思想上的神学枷锁的使命。达尔文扮演了这个角色。他用《物种起源》将旧有的神学理论敲得粉碎,以至后人将《物种起源》称为"一

部将上帝驱逐出生物界的伟大著作"。

历史虽然曾经辉煌，但它却早已属于过去。《物种起源》给那个时代所带来的震动，已无法在我们身上重演。有些人甚至站在《物种起源》的反面去批判它。岁月无声，早已逝去的达尔文已无法再站起来为自己辩解，然而这并不意味着《物种起源》的死亡。在达尔文的背后，还有千千万万的支持者在进化论的道路上坚定地走着。也许，在达尔文看来，这一切早已变得不重要，因为他发表《物种起源》的最初目的，就是将人们引出神学的圈子，在更广阔的领域中对人类自身进行更为深刻的反思。事实证明，达尔文成功了，无论是过去还是现在，人们都在《物种起源》所开拓出的道路上向前迈进，为进化论的正确与否争论得不可开交，而天堂中的达尔文正在微笑。（吴晓清）

《物种起源》的精神

杰出作品的不同之处就在于它们的影响并不仅限于它们所处的那个时代，而是更远。它们就像一座座敞开大门的宝库，只要你翻阅它们，就会有所收获。《物种起源》就是前人留给我们的众多宝库之一，它在人类思想史上和人类生物史上第一次以翔实的证据和严谨的论证科学阐释了包括人类在内的物种的由来，提出了广为人知的"进化论"。但是从它于 1859 年 11 月 24 日出版到现在的 140 多年中，对进化论的争论却从未停止过，人们对达尔文或是或否，这是科学发展的正常态，因为科学是在不断的争论中发展的。然而，在诸多有关《物种起源》的论述中，却都毫无例外地把争论的焦点放置于这一理论本身的正确与否以及它对人们思想的震动的程度上，却忽略了书中字里行间所渗透出的对待科学的正确态度及其所反映出的大师身上的可贵精神。

《物种起源》的成功源于达尔文的勤奋。我们可能不止一次对《物种起源》丰富的内容发出由衷的赞叹，而这只不过是达尔文为完成这部论著所做努力的冰山一角。为建立自己的物种理论，达尔文准备了 20 多年，而在《物种起源》中，只运用了其中很少一部分，因此达尔文只把《物种起源》看做是自己物种理论的一个摘要。它虽然向世人宣告了他的学说，但是，达尔文仍然感到，一个理论的摘要总是不丰满的，要让自己的学说有更强大的说服力，需要用更多的事实、作更透彻的阐述，因此自己要做更多的努力。正是凭借这种精神，才造就了《物种起源》这部不朽的经典之作，而这种百年如一日的勤奋精神又恰恰为生活于当今时代的我们所缺少。在晚年的《回忆录》中，达尔文写到："我一生中的主要享受和唯一的职业，就是科学工作，由这种工作所带来的兴奋使我暂时忘记了，或者完全驱赶了日常的不舒适。"他把献身科学看作是"自己生命的最好道路"。他勤奋努力地为科学多作贡献。在回顾自己的一生时，他无愧地说："我用了我的所有力量去进行工作"，"我已经尽了最大能力这样做了"。可以说，《物种起源》的成功就

青少年必知的
QINGSHAONIAN BIZHI
DE XIXUE JINGDIAN
文学经典

在于达尔文坚持不懈的努力。

《物种起源》所阐释的进化理论是严谨的。在《物种起源》中，你简直找不到令人不可接受的纰漏，这是因为书中每个论点都是达尔文在大量观察上得出的，有丰富的现实例证作为基础。而且，在《物种起源》发表前，达尔文已对自己的理论反复思考了20年，并且写出了两个理论概要，直到经过莱尔、胡克的再三敦促和在华莱士论文的刺激下，达尔文才将其勉强发表。而达尔文在发表自己理论的时候，也丝毫不掩饰它还存在的难题。像《物种起源》一书这样的写法是很少有的，它用了专门的一章来写自己学说的疑难，极坦诚地摆出自己的学说还没有解决的问题。尽管这些疑难对进化理论来说，并不带有根本的性质，但达尔文还是认为，严肃的科学著作，应该告诉读者，它解决了什么问题，还存在着什么问题。达尔文这样做，虽然为当时反进化学说的人提供了口实，但是对一切有着科学良心的人来说，无疑使他们感受到了达尔文理论是真正严肃的科学理论。而且，那些反达尔文学说的人只能从达尔文著作中摆出的疑难来攻击达尔文，这使人看到了他们的虚弱。

尊重事实，是《物种起源》的显著特点，这部书所引用的材料，都是有根据、有出处的。哪怕引用反对自己的材料，也是忠实别人的原意，决不随意地把自己的想法强加于人。达尔文说："我从很小的时候起，就有一种最强烈的要求去理解或解说我所观察到的事物，就是说，把所有的事实综合在一些一般法则之下。"他进行科学研究，始终遵循着一条基本的指导原则，就是一切假说、理论都要建立在可靠的事实之上。因此在他的研究活动中，摆在首位的是大量搜集、长年积累和甄别事实。他十分注意从书籍、报纸杂志以及和科学家的通信中搜集所需要的事实材料。这使得《物种起源》不仅以它所论述的生物进化学说为科学的发展作出了巨大的贡献，而且以它所采用的实事求是的研究方法给后人留下了一笔宝贵的财富。

在《回忆录》中，达尔文说："我出版过的书，就是我一生的里程碑。"对科学事业的无限热爱，是达尔文获得成功的思想基础和前提，而严谨踏实的科学态度和科学作风，则是他成功的根本保证。《物种起源》就是他勤奋劳动的成果，既留下了他对科学事业的卓越贡献，也记录了他对科学事业的一片赤诚之心。更重要的是，作为后人的我们，可以从对这部书的阅读中去瞻仰一个伟大的灵魂。（李振元）

D 大师传奇 DASHI CHUANQI

1809年2月12日，达尔文出生在英国的施鲁斯伯里。祖父和父亲都是当地的名医，家里希望他将来继承祖业，他在施鲁斯伯里受到基本的教育后，16岁时便被父亲送到爱丁堡大学学医。

但达尔文从小就热爱大自然，尤其喜欢打猎、采集矿物和动植物标本。进到医学院后，他仍然经常到野外采集动植物标本。父亲认为他"游手好闲"、"不务正业"，一怒之下，又送他到剑桥大学，改学神学，希望他将来成为一个"尊贵的牧师"。几年后，达尔文从剑桥大学毕业，但他却放弃了待遇丰厚的牧师职业，依然热衷于自己的自然科学研究。这年12月，英国政府组织了"比格尔号"军舰的环球考察，达尔文经其老师推荐，以"博物学家"的身份自费搭船，开始了漫长而又艰苦的环球考察活动。这趟旅程从1831年开始，他们从普里茅斯出发，在五年的时间中，他们路经世界许多地方。在考察过程中，达尔文根据物种的变化，整日思考着一个问题：自然界的奇花异树，人类万物究竟是怎么产生的？它们为什么会千变万化？彼此之间有什么联系？这些问题在脑海里越来越深刻，逐渐使他对神创论和物种不变论产生了怀疑。后来，达尔文又随船横渡太平洋，经过澳大利亚，越过印度洋，绕过好望角，于1836年10月回到英国。

在历时五年的环球考察中，达尔

达尔文

文积累了大量的资料。回国之后，他一面整理这些资料，一面又深入实践，同时，查阅大量书籍，为他的生物进化理论寻找根据。在悉心研究六年后，他第一次写出《物种起源》的简要提纲。接着达尔文开始将他在这趟旅程中的资料加以整理发表，这使他一跃成为当时顶尖的科学家之一。

1859年，达尔文将他经过20多年研究所积累的大量笔记整理成他的旷世巨著《物种起源》一书发表，在这部书里，达尔文旗帜鲜明地提出了"进化论"的思想，说明物种是处在不断的变化之中，是由低级到高级、由简单到复杂的演变过程。这部著作的问世，第一次把生物学建立在完全科学的基础上，以全新的生物进化思想推翻了"神创论"和物种不变的理论，它不仅是达尔文进化论的代表作，也标志着进化论的正式确立，沉重地打击了神权统治的根基。

1882年4月19日，这位伟大的科学家在《物种起源》发表22年后因病逝世。这一消息对于深爱他的妻子爱玛来说无异于宣布世界末日的到来。此时她心中的悲痛是无人能体会的。她一生爱恋、相依相伴40余年的亲人永远离她而去了！望着他经常躺坐的沙发，仿佛她的查尔斯还在那里听她朗读小说。抚摸钢琴，好像查尔斯还在聆听她弹奏贝多芬的乐章。查尔斯不在了，她感到屋子里空荡荡的。她要把查尔斯留住，永远地陪伴着她。当卢伯克爵士告诉她要把达尔文安葬在威斯敏斯特大教堂时，她接受不了。她要让查尔斯在她居住的达温——这个他们共同生活了40年的地方安息，她可以随时去看他，去对他诉说，对他朗读，对他吟唱他最爱听的乐曲。然而，爱玛是一个开明的女人，她最终同意人们把达尔文的遗体安葬在英国西敏寺牛顿的墓旁，以表达对这位科学家的敬仰。

延伸阅读 YANSHEN YUEDU

达尔文阐述进化论的著作不止一本，除《物种起源》外，还有**《动物和植物在家养下的变异》**。作为达尔文的第二部巨著，《动物和植物在家养下的变异》以不可争辩的事实和严谨的科学论断，进一步阐述他的进化论观点，提出物种的变异和遗传、生物的生存斗争和自然选择的重要论点，这部著作很快出版，也获得了巨大反响。

* * * *

历史上，在生物学领域作出巨大贡献的，还有法布尔。这位法国人以他的昆虫学巨作《昆虫记》跻身世界名人行列。两个世纪以来，法布尔的《昆虫记》以其瑰丽丰富的内涵，影响了无以数计的科学家、文学家与普通大众。其文学与科学上的非凡成就举世推崇：大文学家雨果盛赞其为"昆虫学的荷马"；进化论之父达尔文赞美他是"无与伦比的观察家"。《昆虫学》影响了许多热爱自然的读者走出象牙塔与自然蛮荒对话，唤起人们对万物、对人类、对科普、对文学，甚或对乡土的深刻思念，并在世界各地担负起对昆虫行为学的启蒙角色，因此，本书早已被公认为跨越领域、超越时代的传世经典！

资 本 论

马克思　　Marx(德国　　1818 年－1883 年)

《资本论》是一部相当重要的著作,它在经济学体系中引起了一场真正的革命。卡尔·马克思的著作已经产生了巨大的影响。在政治问题解决以后,我们必然会立即面临社会问题,那时,马克思的著作就更加重要了。

——瑞典学者　霍·梅列

马克思是世界无产阶级和劳动群众的导师。这位睿智的伟人所创立的伟大学说主要反映在《资本论》中。列宁说,在《资本论》以前,马克思主义的学说还是一种假设,虽然是最好的假设,自有了《资本论》,这个学说就不是假设了,是等于经过实验的科学定理了。它就像照亮夜空的熊熊火炬,标志着社会主义从空想到科学,而包括恩格斯在内的马克思的继任者又前赴后继地努力使它从科学的理论变为现实。尽管社会占有生产资料的世界社会主义还没有最终到来,但是马克思对于资本主义本质的批判和对社会发展规律的揭示,已经激励着千千万万的人。

恩格斯在马克思的墓前曾富有远见地说:"他的英明和事业将永垂不朽!"这并不是出于对马克思的热爱而做出的夸奖之词,而是出于对马克思一生贡献的认真思考所做出的客观评价。一百多年过去了,恩格斯的预言仍在被不断地证实。1999 年,英国广播公司(BBC)通过互联网,在悠悠千年、代代英豪中评选本千年最伟大的思想家,马克思在众多候选人中名列榜首,这或许能说明点什么。西方有很多经济学家宣称马克思的经济学说已经过时,对此,美国波士顿大学教授编写的关于马克思的历史剧中,有这样的台词:"他们都宣布我的思想死了。""你们不觉得奇怪吗?——为什么有必要一次又一次宣布我的思想已死了呢?"不断地宣布一种思想已死了,不正可以证明他们的内心对这种思想深深的惧怕和这种思想本身的深邃吗?

20 世纪 90 年代之初,面对东欧剧

变、苏联解体，很多人对社会主义产生了怀疑，但世纪伟人邓小平却坚定地说道："不要认为马克思主义就消失了、没用了、失败了，哪有这回事！"在我们昂首阔步跨入新世纪时，重温邓小平的名言，尤感亲切。马克思主义的生命力和不可战胜的奥秘，在于它植根于马克思广博的学识和孜孜不倦的探求，在于它植根于社会发展的客观逻辑，在于它是科学真理。

旷世杰作

把卷帙浩繁的三卷《资本论》的丰富内容，用大大缩小了的篇幅概述出来，是十分必要却又十分困难的。恩格斯生前很关心并指导过这个工作，但未能如愿。直到他临终前还说："对三卷《资本论》做个梗概的介绍，这是一个作家能给自己提出的最艰巨的任务之一。我认为，在整个欧洲，能从事这项工作的人找不到半打。"今天，由于马克思的学说在全球的广泛传播、研究和得到理解，从事这项工作自然比前一个世纪要容易得多了。尽管如此，恐怕谁也不敢说自己可以把《资本论》内容概括得精当得体而又十分成功。而我们对这部书的介绍，与其说是对《资本论》比较熟悉，不如说是对这部伟大著作十分热爱，很希望更多的人能通过《资本论》了解一些基本的经济原理，更重要的是，希望更多的人通过《资本论》了解马克思这位伟大的人物。

《资本论》是一部长篇巨著，共分三卷。第一卷共有七篇序言和跋。前四篇是马克思写的，主要说明了《资本论》的研究对象和方法。后三篇是恩格斯写的，主要说明《资本论》第一卷再版修订情况和伟大意义。序言和跋说明的主要问题有三个：《资本论》的写作动机；《资本论》的研究对象；《资本论》的方法。序言和跋之后，是《资本论》第一卷的正文。这一卷研究的是资本的生产过程，中心是揭示资本主义生产方式的运动规律。第一卷包括七篇，可分为三个部分：分析商品和货币，说明资本关系产生的历史前提；通过对剩余价值生产过程的分析，揭示剩余价值产生的秘密；分析资本和积累，说明资本关系产生、发展直至灭亡的历史趋势。

第二卷是第一卷的继续和补充，又是第三卷的引言，起着承上启下的作用。其研究对象是资本的流通过程，中心是分析剩余价值的实现问题。这里所说的流通过程并不是资本的单纯的流通过程，而是作为资本的生产过程和流通过程统一的流通过程。这里指的资本，只限于产业资本。这卷共三篇，21章。第一篇和第二篇先叙述单个资本的再生产和流通；第三篇综合说明社会总资本的再生产和流通。

《资本论》第三卷的标题为资本主义生产的总过程。它表明本卷的研究对象是资本运动的总过程。这一研究是建筑在第一卷对资本直接生产过程的研究，以及第二卷对资本流通过程研究的基础之上的。由于资本主义生产的实质就是剩余价值的生产，所以对剩余价值的研究贯穿于整个《资本论》之中。如果从这一角度来考察《资本论》各卷的研究对象，那么我们可以发现第一卷实际上研究的是剩余价值的生产过程，第二卷研究的是剩余价值的流通过程，第三卷则是研究剩余价值的分配。正因为如此，恩格斯才明确指出："第三卷所阐述的就是剩余价值的分配规律。""剩余价值的分配就像一根红线一样贯串着整个第三卷。"

《资本论》第三卷的理论研究与前两卷相比具有很大的区别。前两卷的研究理论抽象色彩较浓，主要是一种本质的研究。但第三卷却大不相同，它的研究具有较强的现实性，是对资本主义经济现象形态的理论描述，理论的分析研究已经大大接近了资本主义经济生活的现实。

《资本论》这部伟大科学著作是来之不易的，它凝聚了马克思毕生的心血和恩格斯许多辛勤的劳动。马克思在谈到著述《资本论》的情景时说："我不得不利用我还能工作的每时每刻来完成我的著作，为了它，我已经牺牲了我的健康、幸福和家庭。"为了全面批判、总结经济学的研究成果，马克思对以往大大小小的经济学家的著作都做了仔细的分析和评价，并写了大量的笔记。我们仅从马克思《1857～1858年经济学手稿》、《1861～1863年经济学手稿》、《1863～1865年经济学手稿》，即《资本论》出版的过程，就可以窥见马克思用力之艰深，知识之广博，治学之严谨。可以说，《资本论》是马克思对他以前的经济思想史的科学总结，是一部伟大的经济学著作，也是一部值得我们珍藏的大师经典。

高深经济理论的生动文学表现

在一般人的观念中，经济学几乎是枯燥与抽象的别名。然而《资本论》的文学艺术水平却例外地为世人所惊叹。俄国一位评论家说："《资本论》叙述的特点是通俗易懂、明确，尽管研究对象的科学水平很高，却非常生动。在这方面，作者和大多数德国学者大不相同，这些学者用含糊不清、枯燥无味的语言写书，以致普通人看了脑袋都要裂开。"连英国资产阶级对马克思别具一格的文体也不得不叹服，说他"使最枯燥无味的经济问题具有一种独特的魅力"。日本作家板本胜能够把《资本论》戏剧化，就因为《资本论》本身就是有浓厚艺术色彩的作品。因而，翻开《资本论》，你不仅可以得到经济理论的修养，而且可以受到文学艺术的陶冶。仅凭这一点，《资本论》就胜过任何一部经济学著作。

马克思的文学修养和文学功底很好。他中学时代就酷爱文学、博览名著，想当诗人和小说家。他写过小说、剧本，发表过诗歌。虽然上大学后听从父亲的劝阻，放弃从事文学的打算，但他终身与文学结下不解之缘，并感染全家。他和孩子们能整段整段地背诵名家的名作，特别是莎士比亚的戏剧和歌德的诗篇。这是马克思能给自己的经济学著作赋予艺术生命的背景。

《资本论》虽然是一部政治经济学著作，但马克思尽力以文学的笔法来叙述。马克思说："不论我的著作有什么缺点，它们都有一个长处，即它们是一个艺术的整体，但是要达到这一点，只有用我的方法，在它们没有完整地摆在我面前时，不拿去付印。""因为经过这么长的产痛以后，我自然乐于舐净这孩子。"马克思独具匠心，刻意修饰，终于把高深的经济学理论，以优美的文学形式表现出来，写得非常生动传神，一扫经济学界陈腐晦涩的古板老套，别开生面。这里仅从第一卷中采撷两个方面的几朵花絮，看看《资本论》的文学风韵。

第一，为了揭露、比喻、分析的需要，《资本论》中直接引用了许多名家名著和神话传说之佳句典故。荷马、但丁、莎士比亚、歌德、塞万提斯、笛福、海涅、狄更斯、席勒等几十位名家的作品都在书中大放异彩。例如，为

《资本论》英文版封面

了说明商品的交换本性，马克思引用了塞万提斯《唐·吉诃德》中的主人公的荒唐行为相比拟。唐·吉诃德为了满足自己与美丽公主幽会的幻想欲，就把丑陋不堪的客店女仆马立托奈斯当作公主来拥抱。马克思写道："商品是天生的平等派和昔尼克派，他随时准备不仅用自己的灵魂而且用自己的肉体去同任何别的商品交换，哪怕这个商品生得比马立托奈斯还丑。"庸俗经济学家西尼耳为替资本家辩护，提出资本是资本家"节欲"的结果。马克思一方面对西尼耳的"节欲"一词作了机智的讽刺，说西尼耳忘记了斯宾诺莎的"规定即是否定"的话，人的一切行为都可以看作是他的相反行动的"节欲"，如"吃饭是绝食的节欲，行走是站立的节欲，劳动是闲逸的节欲等等"，资本家的节欲是最滑稽可笑的；另一方面，马克思引用了歌德《浮士德》中的那个"胸中有两个灵魂"的主人公来辛辣地嘲笑资本家："资本家的挥霍从来不像放荡的封建主的挥霍那样直截了当，相反的，在它的背后总是隐藏着最肮脏的贪欲和最小心的盘算，但是资本家的挥霍仍然和积累一同增加，一方决不会妨害另一方。因此，在资本家个人的崇高的心胸中同时展开了积累欲和享受欲之间的浮士德式的冲突。"说明资本家并无"节欲"可言。又如马克思引用狄更斯的小说《雾都孤儿》中的杀人犯比耳·塞克斯在法庭上的滑稽辩护词，来揭露资本家污蔑工人反对资本主义使用机器方式的强盗逻辑，引用莎士比亚的戏剧《威尼斯商人》中的夏洛克的残忍来比

喻资本家对童工的冷酷无情等,都恰到好处。

第二,《资本论》本身的语言形象、生动,有浓厚的文学色彩。以对资本家形象的刻画为例,在《资本论》里,马克思把资本家的形象刻画得真是惟妙惟肖,狼吞鸡咋的本性、凶残残忍的恶行、虚伪狡黠的伎俩、皮脸多变的丑态,往往只是几笔,就暴露得淋漓尽致,跃然纸上。马克思写道:"资本家购买到劳动力以后,就带工人到他的工场里去,原来的货币所有者成了资本家,昂首前行;劳动力的所有者成了他的工人,尾随于后。一个笑容满面,雄心勃勃;一个战战兢兢,畏缩不前,像在市场上出卖了自己的皮一样,只有一个前途——让人家来鞣。"作为资本家,他只是人格化的资本。他的灵魂就是资本的灵魂。……资本是死劳动,它像吸血鬼一样,只有吮吸劳动才有生命,吮吸的活劳动越多,它的生命就越旺盛。资本家明明知道,这样无限制地榨取工人,会引起民族衰退。但是,他"不理会人类将退化并将会不免终于灭种的前途,就像他不理会地球可能和太阳相撞一样。在每次证券投机中,每个人都知道暴风雨总有一天会到来,但是每个人都希望暴风雨在自己发了大财并把钱藏好以后,落到邻人头上。我死后哪怕洪水滔天!这就是每个资本家和每个资本家国家的口号……既然这种痛苦会增加我们的快乐(利润),我们又何必为此苦恼呢?"在剩余价值生产过程中,资本家那副死皮赖脸非要赚钱不可的种种表演,被马克思描绘得栩栩如生。这里

就不赘引了。

以上只是从《资本论》中撷拾来的几片小花瓣而已,这座艺术大厦的精美与瑰丽就可见一斑了,而我们之所以读起来会感到困难,一方面是因为《资本论》毕竟是经济学的理论著作,有它的深奥之处;另一方面由于我们对《资本论》中叙述的时代、背景、典故比较陌生,以及翻译上的必有后果,一国文字译成另一国文字,总要难读一些。《红楼梦》翻译成外国文字,外国读者未必能像中国读者那样读得津津有味,这就是为什么德国工人看得懂《资本论》,而我们至今还不容易读懂它的道理。(胡培兆)

绝世之作

《资本论》是马克思在长期参加社会实践活动和掌握大量实际资料与思想资料的基础上用毕生心血写成的划时代巨著。它把高度的革命性和科学性结合在一起,揭示了资本主义必然灭亡,共产主义必然胜利的规律。它是处在资本主义统治下的无产阶级和人民群众争取解放的指路明灯,是已经取得解放的无产阶级和人民群众进行社会主义建设的强大思想武器。一百多年来,尽管资产阶级学者无数次宣称《资本论》已经"被驳倒了",《资本论》已经"过时了",但是,这部伟大著作就像常青的劲松,在狂风暴雨中傲然屹立,显示出无限的生命力。

《资本论》是马克思主义的百科全书。它首先是一部伟大的马克思主义政治经济学著作。它深刻分析了资本

的生产过程、流通过程，彻底弄清了资本主义社会的内在矛盾。它的基本原理对现代资本主义经济是完全适用的。当然，现代资本主义经济出现了一些在马克思写作《资本论》时无法预见的新情况和新问题。我们必须以《资本论》的基本原理为指导，从实际出发，发展政治经济学的资本主义部分。

《资本论》在主要揭示资本主义经济规律的同时，科学地揭示了人类社会普遍适用的经济规律、社会大生产的共同规律、商品生产的一般规律，还科学地预见了社会主义经济必须遵循的某些经济规律。这些对我国社会主义现代化建设，都有直接的指导意义。当然，社会主义社会作为20世纪新诞生的事物，具有马克思在写作《资本论》时无法预料的情况和问题。我们又必须以《资本论》的基本原理为指导，从实际出发，发展政治经济学的社会主义部分。

《资本论》不仅是一部伟大的马克思主义政治经济学著作，而且还是一部伟大的马克思主义哲学和逻辑学著作。马克思和恩格斯19世纪40年代创立的新哲学和辩证法，在《资本论》中达到了自身发展的最高水平。列宁写道："虽说马克思没遗留下'逻辑'（大写字母的），但他遗留下《资本论》的逻辑，应当充分地利用这种逻辑来解决当前的问题。"我们要深入研究《资本论》中的哲学和逻辑学，把它们同实际紧密联系起来。

《资本论》还是一部伟大的科学社会主义著作，它为社会主义奠定了科学理论基础。《资本论》还包括了马克思在政治、法律、历史、数学、自然科学、技术科学、教育、道德、宗教、文学、艺术、语言等领域闪烁着天才火花的思想。它在各个方面都蕴藏着有待我们大力开发的无数瑰宝。

恩格斯在评论马克思的主要著作《资本论》时恰如其分地指出："自地球上有资本家和工人以来，没有一本书像我们面前这本书那样，对于工人具有如此重要的意义。资本和劳动的关系，是我们现代全部社会体系所依以旋转的轴心，这种关系在这里第一次作了科学的说明，而这种说明之透彻和精辟，只有一个德国人才能做得到。欧文、圣西门、傅立叶的著作是有价值的，并且将来也是有价值的，可是要攀登最高点，把现代社会关系的全部领域看得明白而且一览无遗，就像一个观察者站在最高的山巅观赏下面的山景那样，这只有待这一个德国人。"

"会当凌绝顶，一览众山小。"马克思的《资本论》比之前人的著作，达到了令人景仰、令人惊叹的最高峰。无论过去、现在和未来，马克思的名字，都是鼓舞全世界人民前进的旗帜，都是全世界人民取之不尽、用之不竭的理论宝库。可以毫不夸张地说，中国人民革命的胜利，社会主义建设的成就，都是马克思的《资本论》中揭示的基本原理与我国革命具体实践相结合的结果。而我们在某些时候的挫折，恰好就是背离了《资本论》中揭示的对社会主义建设有现实指导意义的基本原理。（许涤新）

卡尔·马克思于1818年5月5日生于德国莱茵省特利尔城的一个律师家庭里，这个省比德国其他各省更多地受到法国大革命先进思想的影响。作为一位伟大的人物，马克思的成就主要来源于他非凡的天赋和不懈的努力。但是，他的人格的形成和品格的培养却深深地受着两个人的影响，一个是他的父亲亨利希·马克思，另一个是冯·威士特华伦男爵，马克思后来的岳父。

人们常说：童年的影响非常重要，以至决定这个人以后的生活道路。这句话说得很有道理，因为我们确实能从亨利希·马克思身上看到他的儿子卡尔·马克思日后将要选择的道路。亨利希·马克思是特利尔城律师公会会长、政府法律顾问，除精通法律外，还有较高的文学素养，喜爱读德国著名作家席勒、歌德的作品，对法国启蒙思想家卢梭、伏尔泰的著作更是爱不释手，能够熟练背诵其中的精彩篇章。受启蒙精神的影响，亨利希·马克思倾向自由主义，同情劳动人民的疾苦，而这在当时封建君主专制的条件下，是需要很大勇气才能做到的。马克思父子二人有着惊人的相似之处，无论从思想上，还是从头脑上来说都是如此。亨利希·马克思以自己的渊博学识和优秀品格，极大地影响了童年和少年时代马克思的思想意识倾向，马克思对自己的父亲非常敬重，他称父亲是一个"以自己的纯洁品格和法学

才能而出众"的人。他从父亲身上，既学到了渊博的知识，又学到了追求自由、坚持真理的为人道理。父亲对他潜移默化的影响使他终身受益，他一直把父亲的一张照片带在身上，直到去世。而冯·威士特华伦男爵是特利尔城的顾问官。男爵虽然身为贵族，却没有丝毫的傲慢和优越感，也许正是这种性格，影响了他的女儿燕妮，使她不顾地位的差别，嫁给了马克思。男爵同马克思的父亲一样，也是个思想解放，崇尚自由、民主的人，并且具有开阔的胸襟和渊博的知识，能熟练使用英、德、法、意等六国语言。在山花烂漫的季节，男爵时常带卡尔·马克思到城郊的小山丘上去散步，在散步中给他背诵荷马的叙事诗和莎士比亚的戏剧，以有益的知识启迪卡尔·马克思幼小的心灵。在寒冷的冬夜，他将马克思带到家中温暖的客厅里，向他介绍圣西门和他的空想社会主义观点。马克思尊敬他，把他当作自己的第二个父亲，大学毕业时，马克思将自己的博士论文专诚献给了他。

马克思的辉煌成就，与他伟大的

马克思

战友、伙伴恩格斯的帮助是密不可分的。恩格斯于 1820 年出生于普鲁士莱茵省的一个大资本家家庭。恩格斯一生经商，但从未放松对社会科学的研究。他先后与马克思合著过《共产党宣言》等著作。恩格斯还经常接济处在贫困中的马克思。1844 年 9 月，马克思和恩格斯在巴黎会面，从此开始了他们伟大的友谊。他们共同创立了科学社会主义理论，携手为共产主义奋斗终生。恩格斯回忆说，"当我 1844 年夏天在巴黎拜访马克思时，我们在一切理论领域中都显出意见完全一致，从此就开始了我们共同的工作。"从 1844 年 9 月到 1847 年底，他们合写了《神圣家族》、《德意志意识形态》，清算了哲学唯心主义和形而上学，阐述了辩证唯物主义和历史唯物主义，"奠定了革命唯物主义的社会主义的基础"。

在马克思的一生当中，最为后人所津津乐道的当属他与燕妮的纯洁爱情。这位出身贵族的美丽女孩，冲破了重重阻力，嫁给了马克思。燕妮心里当然清楚她选择的是什么，但自接受马克思求婚的那天起，她就已经决定与马克思相伴一生。尽管后来马克思穷困潦倒，尽管她为繁重的家务活所劳累，尽管她不得不随马克思到处流亡，但是，她却从未后悔。有很多人曾经对燕妮心中所想做出各种猜测，然而，在我们看来，是马克思崇高的志向、孜孜不倦的求知精神和发人深省的真知灼见令燕妮十分敬佩，是马克思对燕妮忠贞的爱情令燕妮难以割舍。1856 年 6 月，燕妮带着三个孩子回德国特利尔探望身患重病的母亲，这是他们结婚后第一次较长时间的分离。马克思给燕妮写了一封感人肺腑的长信，字里行间，弥漫着对妻子无限的爱恋与思念："诚然，世界上有许多女人，而且有些非常美丽。但是，哪里还能找到一副容颜，她的每一线条，甚至每一处皱纹，都能引起我生命中最强烈而美好的回忆？"一直在他们身边的小女儿爱琳娜曾说："整整一生中，不论是在幸福的时刻或是在困苦的日子里，爱情和友谊始终联系着他们，他们从不知道动摇和疑虑，他们互相忠实到最后一刻，连死亡也未能使他们分开……"这份真挚的爱情，永远值得我们回味。

马克思是伟大的，然而死神的召唤是任何人都无法抗拒的，令人遗憾的事情终于降临了。1883 年 3 月 14 日 2 时 45 分，马克思在自己的安乐椅上与世长辞，他的手边还放着未改完的《资本论》手稿。恩格斯就这一重大损失写道："我们党的最伟大的头脑停止了思想，我生平所知道的一颗最强有力的心停止了跳动。""人类失去了一个头脑，而且是它在当代所拥有的最重要的一个头脑。"历史将永远记录这一刻。

延伸阅读 YANSHEN YUEDU

《共产党宣言》是马克思、恩格斯为世界上第一个共产主义政党——共产主义者同盟写的行动纲领。这是马克思主义学说第一次完整的阐述，也是科学社会主义的第一部纲领性文

青少年必知的西学经典

件，"是每个觉悟工人必读的书籍"（列宁语）。作者运用历史唯物论的观点，分析了资产阶级和无产阶级产生、发展及其相互斗争的过程；揭示了资本主义必然灭亡和共产主义必然胜利的客观规律；阐明了无产阶级的历史使命；说明了共产党的性质和特点；规定了党的纲领和目的；批判了当时流行的各种社会主义；指出了一些共产主义派别和空想社会主义的局限性；论述了共产党人对待其他工人政党和民主主义政党的态度，以及党的基本策略原则。它的出版不仅是人类思想史上的大事，也是无产阶级斗争史上的大事。它给予了无产阶级彻底解放以强大的思想武器。列宁指出："《共产党宣言》这本书篇幅虽然不多，但价值却不下于很多部巨著，它的精神至今还鼓舞着、推动着文明世界全体有组织的正在进行斗争的无产阶级。"

* * * *

在社会主义理论方面，恩格斯也有所建树，他的《社会主义从空想到科学的发展》也被后人视为社会主义理论的经典之作。此书是恩格斯应拉法格的要求，于 1880 年抽取《反杜林论》的部分内容，并对其作了一些补充和改动后发表的。1883 年出版德文版时，定名为《社会主义从空想到科学的发展》。在书中，作者阐述了空想社会主义，尤其是 19 世纪初期三大空想社会主义者学说的积极成果及其局限性，指明了唯物主义历史观和剩余价值学说的创立使社会主义从空想变成了科学。在本书的第三章中，作者论述了科学社会主义的基本理论，剖析了资本主义生产方式的基本矛盾及其表现，说明了只有无产阶级取得国家政权，实现生产资料的社会所有，才能解决资本主义的矛盾，完成无产阶级解放世界的历史使命。马克思在本书 1880 年法文版导言中说，这本小册子"是科学社会主义的入门"。

悲剧的诞生

尼 采　Nietzsche(德国　1844 年－1900 年)

在大自然的星空中，群星灿烂。有的星宿孤独地燃烧着，熄灭了，很久很久以后，它的光才到达我们的眼睛。一颗敏感的心，太早太强地感受到了时代潜伏的病毒，发出了痛苦的呼喊。可是在同时代人听来，却好似疯子的谵语。直到世纪转换，时代更替，潜伏的病痛露到面上，新一代人才从这疯子的谵语中听出了先知的启示。这位伟大的"疯子"便是尼采。

——中国著名学者　周国平

曾经有人说，不了解尼采就不可能了解我们这个世纪的西方哲学思潮、文艺思潮和社会思潮。的确，正像尼采自己所说的那样："我的时代还没有到来。有的人死后方生。"当我们想要探求 20 世纪西方思潮的源头，会发现是绝不能撇开尼采的。他首先提示了现代西方人的基本境遇，提出并严肃思考了触动现代西方人心灵的重大问题。

《悲剧的诞生》是尼采 24 岁时，在担当古典语言学教授时期创作的代表作品。在这本书里所提出的许多问题，为尼采后来学术思想的发展奠定了基础。尼采的《悲剧的诞生》问世之后，尼采才真正地走上了属于他自己的哲学之路，这只雄鹰终于展开翅膀，

一飞冲天。他的不朽著作，无论是在哲学、文学、社会学方面，都给当代西方的社会思潮以巨大的冲击。

尼采自己曾说："在我之前没有人知道正确的路，向上的路；只有在我以后的时代，人们才有希望，有事业，有达到文化之路，在这路上我是一个快乐的先驱者。"可以说，尼采就是现代西方哲学的先驱。雅斯贝尔斯说："他给西方学哲学家带来了战栗"。尼采哲学触及了人生和时代的种种根本问题，包含着更加广阔的可能性，从而为生命哲学、实证主义、现象学、存在主义、弗洛伊德主义、历史哲学等现代西方主要哲学流派提供了思想起点或重要启发。

存在主义哲学家公认尼采是存在

主义的直接先驱，或者干脆就把他看做一个早期存在主义者。没有尼采，雅斯贝尔斯、海德格尔和萨特是不可思议的。存在主义所关心的如存在的意义和无意义、自我的失落和寻求等问题，正是由尼采首先敏锐地感受并且提出来的。现代西方另一大流派——弗洛伊德的精神分析学派也曾直接受益于尼采哲学。其对于深层心理的开掘，确实预示了精神分析学的建立。此外，尼采的影响决不限于哲学领域，其作为一个"诗人哲学家"还直接影响了许多现代作家，如茨威格、托马斯·曼、萧伯纳、纪德、杰克·伦敦、鲁迅等。

旷世杰作

在《悲剧的诞生》这部书中，作者尼采受到了叔本华的唯意志哲学和瓦格纳音乐的影响，在这里他认为只有在美感现象中，生命和世界才显得有价值。美感价值是这部书所认为的唯一价值。

《悲剧的诞生》中的主要观念为阿波罗（Apollo，又称做日神或太阳神）和狄俄尼索斯（Dionysus，又称酒神）两种精神。尼采由古典语言学的研究，提出了这种特殊的见解：以为希腊艺术即在这两种精神的互相激荡中产生，"艺术的不断发展是由阿波罗和狄俄尼索斯两体的结合，正如生殖依于两性间不断的冲突与协调活动一样"。

阿波罗和狄俄尼索斯是希腊人在艺术上所崇拜的两位神：在日神阿波罗的恬静优美光彩四射之中，唤起希腊人形形色色的梦幻，于是依影图形而发挥他们在造型艺术上特有的成就。尼采说："我们用日神的名字统称美的外观的无数幻觉"。同时，在酒神狄俄尼索斯的沉醉狂欢载歌载舞之中，激起希腊人波涛澎湃的生命，于是借创造的冲动而征服种种可惧的事物。尼采说，酒神状态是"整个情绪系统激动亢奋"，是"情绪的总激发和总释放"。

在《悲剧的诞生》中，尼采对这两者平衡视之，阿波罗精神表现出一种静态的美，把苍茫的宇宙化成理性上的清明世界，并借梦幻驰骋，而后复以生命之中无限生命力贯穿于静性的世界之中，把平面的结构贯穿成立体的结构。这种生命的律动，从希腊宗教上的狄俄尼索斯暗示出来，酒神狄俄尼索斯狂醉后，把深藏于内心的生命力勾引出来，贯注于理性的世界中，而形诸音乐、歌舞的冲动。"悲剧神话所唤起的快感，与音乐上不和谐所唤起的快感，本是同出于一个根源。酒神祭的热情，及其在痛苦中体验到的原始快感，就是音乐与悲剧神话的共同根源。"

尼采倡言希腊文化的最高成就，即是阿波罗艺术（史诗、雕刻、绘画）和狄俄尼索斯艺术（音乐、舞蹈）的结合。这两种精神相冲激而产生了深邃沉厚的悲剧，希腊文化最高的智慧即表现在它的悲剧之上。这种悲剧最初的形式是人羊神的合唱，在合唱中大家手舞足蹈，借舞蹈来发泄其豪情壮志。这种人羊神的合唱，是由狄俄尼索斯的狂欢诱起阿波罗的幻想。经过这种欢欣陶醉之后，勾引出生命潜在的力量，而后把冻结的生命世界重新赋予动律，以此狂热情绪来克服一切忧患，打破种种困苦，并以此狂热情绪，激发创造的冲动。这即是希腊悲剧精神之所在。

尼采在此对希腊文化提出了惊人的见解。从前的学者都认为希腊哲学全盛期是由苏格拉底、柏拉图到亚里士多德的时代，尼采则认为这是错误的，他认为真正的哲学应该从健康的精神上发泄出来，希腊前期的哲学家，如赫拉克利特才是这种精神的代表。从中世纪1000多年以来，都只以为希腊文化唯一的精神是阿波罗精神，以为希腊文化只是阿波罗理性之光的发布。以此，尼采指出不仅近代人不了解希腊精神，而且希腊人自己也误解了自己。所以尼采以苏格拉底为代表加以批评。尼采指出苏格拉底没有悲剧精神，并且不了解古希腊的诗，尼采认为神话是诗的理想故土，由于科学精神毁灭了神话，诗已经无家可归。诗人之为诗人，就在于他看到自己被形象围绕着，他直接看到"事实的因果关系"，而不是"逻辑的因果关系"。神话就是这样一种形象思维方式。在神话中，语言处于原始状态。

尼采认为人们只知道荷马叙事诗上平易近人的庸俗理论，而荷马叙事诗中的悲剧英雄也被化为平淡无奇的俗人。苏格拉底之后，不仅哲学衰落，艺术也渐趋暗淡。热情已被冻结，变成有光而无热，狄俄尼索斯的精神消失了，所剩的阿波罗的精神也逐渐衰落，由于创造力遁形萎缩，从此希腊开

天辟地的精神便丧失殆尽了。希腊文化乃变成了既非理性清明的世界，亦非陶然醉意的世界；在哲学上成为平凡的苏格拉底的世界，在艺术上成为浅薄的喜剧。

经典导读

悲剧人生的救赎

尼采的第一部著作《悲剧的诞生》可说是他的哲学的诞生地。在这部著作中，尼采用日神阿波罗和酒神狄俄尼索斯的象征来说明艺术的起源、本质和功用乃至人生的意义。弄清这两个象征的确切含义，乃是理解尼采全部美学和哲学的前提。

希腊艺术历来引起美学家们的极大兴趣。在尼采之前，德国启蒙运动的代表人物歌德、席勒、温克尔曼均以人与自然、感性与理性的和谐来说明希腊艺术繁荣的原因。尼采一反传统，认为希腊艺术的繁荣不是缘于希腊人内心的和谐，反倒是缘于他们内心的痛苦和冲突，因为过于看清人生的悲剧性质，所以产生日神和酒神两种艺术冲动，要用艺术来拯救人生。

日神是光明之神，它的光辉使万物呈现美的外观。在日神状态中，艺术"作为驱向幻觉之迫力"支配着人，不管他是否愿意。可见日神是美的外观的象征，而在尼采看来，美的外观本质上是人的一种幻觉。梦是日常生活中的日神状态。在艺术中，造型艺术是典型的日神艺术。日神冲动既为制

青少年必知的西学经典

148

造幻觉的强迫性冲动,就具有非理性性质。有人认为日神象征理性,乃是一种误解。

酒神象征情绪的放纵。尼采说,酒神状态是"整个情绪系统激动亢奋",是"情绪的总激发和总释放",在酒神状态中,艺术"作为驱向放纵之迫力"支配着人。不过,酒神情绪并非一般情绪,而是一种具有形而上深度的悲剧性情绪。在艺术中,音乐是纯粹的酒神艺术,悲剧和抒情诗求助日神的形式,但在本质上也是酒神艺术,是世界本体情绪的表露。

总之,日神和酒神都植根于人的至深本能,前者是个体的人借外观的幻觉自我肯定的冲动,后者是个体的人自我否定而复归世界本体的冲动。在一定意义上,两者的关系同弗洛伊德的生本能和死本能有相似之处,均属非理性的领域。

日神精神沉溺于外观的幻觉,反

《悲剧的诞生》英文版封面

对追究本体,酒神精神却要破除外观的幻觉,与本体沟通融合。前者用美的面纱遮盖人生的悲剧面目,后者揭开面纱,直视人生悲剧。前者教人不放弃人生的欢乐,后者教人不回避人生的痛苦。前者执著人生,后者超脱人生。前者迷恋瞬时,后者向往永恒。与日神精神相比,酒神精神更具形而上学性质,且有浓郁的悲剧色彩。外观的幻觉一旦破除,世界和人生便露出了可怕的真相,如何再肯定人生呢?这正是酒神精神要解决的问题。

尼采从分析悲剧艺术入手。悲剧把个体的痛苦和毁灭演给人看,却使人生出快感,这快感从何而来?叔本华说,悲剧快感是认识到生命意志的虚幻性而产生的听天由命感。尼采提出"形而上的慰藉"说来解释:悲剧"用一种形而上的慰藉来解脱我们:不管现象如何变化,事物基础中的生命乃是坚不可摧的和充满欢乐的"。看悲剧时,"一种形而上的慰藉使我们暂时逃脱世态变迁的纷扰。我们在短促的瞬间真的成为原始生灵本身,感觉到它的不可遏止的生存欲望和生存快乐。"也就是说,通过个体的毁灭,我们反而感觉到世界生命意志的丰盈和不可毁灭,于是生出快感。从"听天由命"说到"形而上的慰藉"说,作为本体的生命意志的性质变了,由盲目挣扎的消极力量变成了生生不息的创造力量。

关于《悲剧的诞生》的主旨,是在于为人生创造一种纯粹审美的评价,审美价值是该书承认的唯一价值。他还明确指出,人生的审美评价是与人生的宗教、道德评价以及科学评价根本对立的。尼采后来提出"重估一切价值",其实,"重估"的思想早已蕴涵在他早期的美学理论中了。"重估"的标准是广义艺术,其实质是以审美的人生态度反对伦理的人生态度和功利的人生态度。重估一切价值,重点在批判基督教道德,基督教对生命做伦理评价,视生命本能为罪恶,其结果是造成普遍的罪恶感和自我压抑。审美的人生要求我们摆脱这种罪恶感,超于善恶之外,享受心灵的自由和生命的欢乐。

其次,审美的人生态度又是一种非科学、非功利的人生态度。科学精神实质上是功利主义,它旨在人类物质利益的增值,浮在人生的表面,回避人生的根本问题。尼采认为,科学精神是一种浅薄的乐观主义,避而不看人生的悲剧面目因而与悲剧世界观正相反对。科学精神恶性发展的后果,便是现代人丧失人生根基、灵魂空虚,无家可归,惶惶不可终日。

尼采并不否认道德和科学在人类实际事务中的作用,他反对的是用它们来指导人生。人生本无形而上的根据,科学故意回避这一点,道德企图冒充这种根据而结果是否定人生。所以,如果一定要替人生寻找形而上的根据,不如选择艺术。

有一个时期,尼采受实证主义影响,表现出扬科学抑艺术的倾向。事实上,在此前后,尼采对于艺术能否赋予人生以根本意义始终是心存怀疑的。他一再谈到艺术是"谎言",诗人说谎太多,他厌倦了诗人。但是,问题

在于:"倘若人不也是诗人,猜谜者,偶然的拯救让我如何能忍受做人!"所以他不得不求诸艺术。日神精神的潜台词是:就算人生是个梦,我们要有滋有味地做这个梦,不要失掉了梦的情致和乐趣。酒神精神的潜台词是:就算人生是幕悲剧,我们要有声有色地演这幕悲剧,不要失掉了悲剧的壮丽和快慰。这就是尼采所提倡的审美人生态度的真实含义。(周国平)

 ## 悲剧精神与艺术人生

在19世纪后半叶的哲学界中,尼采无疑是个引人注目的人物。一方面是因为他惊世骇俗的哲学观点引起人们对传统基督教文化的怀疑,另一方面,正是在他的影响下,20世纪哲学对感性的高扬达到了前所未有的程度。由于对文化问题的关心,尼采敏锐地发现了他所处时代的社会症结所在,在后来的哲学中,他把攻击矛头指向了基督教的文明和传统。他宣称"上帝死了,因此一切都可能发生。"必须对所有价值做出重新估价。尼采为他的新价值观描绘的第一个蓝本就是《悲剧的诞生》。如果单从写作目的上看,《悲剧的诞生》在很大程度上是语言学的考据作品,然而每一个读过这本书的人都会发现它更重要的一面——文化批判。在这部作品中,尼采从考据的角度论证了希腊酒神歌剧向希腊悲剧的发展,提出了日神精神和酒神精神的概念,从而阐述了他对人生和艺术的独特理解。酒神和日神是尼采哲学中的一对重要范畴。他用

这两个形象来比喻希腊悲剧得以形成和发展的两种力量。在他看来，这二者反映的精神都是人生命意志的本能。尼采认为，日神与酒神这两种力量在人的心灵中相互斗争又平行发展，直到最后，由于古希腊意志形而上学的奇迹，它们竟彼此结合，最终产生希腊悲剧。希腊悲剧所体现的精神既是酒神的，同样也是日神的。尼采认为日神精神体现在雕塑之中，酒神精神则依存于音乐。人类的艺术来源于日神精神和酒神精神的对立与冲突。一切艺术家或是日神的梦的艺术家，或是酒神的醉的艺术家，或者二者兼而有之。

作为完满的真正个体的酒神精神和苏格拉底以来的理性精神水火不容。苏格拉底提倡"唯知是美"，而在尼采看来人类的理性所带来的只是不准确的知识。他主张一切价值判断都要从人本身来考虑，反对基督教对人生做出的善恶评价。在尼采看来，人的生命超然于善恶之外，不要压抑生命的本能，要以悲剧精神（主要是酒神精神）享受人生，为自己创造生命的快

《酒神祭》

乐。理性科学精神的实质是功利主义的，它直接的结果是物质利益的增长，无视人生悲剧。这是一种浅薄的乐观主义，它的恶性发展造成了现代人的精神危机。在《悲剧的诞生》中，尼采把审美价值提到了相当高的位置。他说："只有作为一种审美现象，人生和世界才显得是有充分理由的。"艺术产生于人类的生存需要。在残酷的世界面前，人只有通过审美和艺术活动，给生活以新的价值，从而才能鼓起勇气直面现实的苦痛。他指出："我们的宗教、道德和哲学是人的颓废形式。而相反的运动——艺术是生命的最高使命和生命的本来的形而上活动。"在尼采的思想中，人类要通过艺术来实现对悲剧人生的超越。当一个人以审美的、艺术的眼光看待生存的荒谬时，这种悲剧便不再归到个人身上而带有普遍意义了。世界无时无刻不在上演着一幕幕的人生悲剧，当一个人站在宇宙的角度看待这悲剧时，他便会发现，个人自身的悲剧无足轻重，它只不过是宇宙的一个小小的审美游戏。需要指出的是，早期尼采虽然信仰悲剧哲学，但他的人生态度并不是悲观的。在《悲剧的诞生》一书中，我们随处可见他哲学的另一面：对生命的热爱。在他后来的哲学中，对生命的关怀也贯穿始终。正如有人指出的，古希腊是尼采心中的一块圣地，他一生都走在这条朝圣的路上。在现实社会中，当时的尼采也看到了他的希望，这就是以瓦格纳等为代表的德国新音乐的兴起，它是酒神精神在德意志精神的醉境根基上的觉醒。从瓦格纳音乐所

创造的世界中尼采体验到一种痛苦的宣泄与快乐，这种艺术的超脱作用使尼采树立了艺术人生的信念。

另外，尼采的酒神精神与他后来极力强调的权力意志是相通的。这种非理性的本能冲动如果成为人生活的主宰，势必会导致一个极端。这一点引起许多人的注意。无论如何，人的单向度发展总是危险的。但在这里我想指出的一点是，在《悲剧的诞生》中，尼采是把日神与酒神这两种精神并提的。希腊的悲剧精神是这二者结合的产物。虽然尼采更重视酒神精神，但这是他反理性主义主导思想的需要，而且他也曾论述过日神与酒神两种精神在个体意识中必须按照严格的相互比例组合，遵循一定的法则才能达到悲剧精神的作用，使人得到艺术的超越。至于尼采这种学说所带来的负面影响，我想那已远离了他本来的愿望与目的。总之，在《悲剧的诞生》中尼采的世界观和人生观都是艺术的。他把自然界的力量和人生命本身中的基本力量都看成艺术状态，由此极力主张希腊的悲剧精神，幻想悲剧之再生，以其拯救现代人的心灵。（刘春梅）

大师传奇 DASHI CHUANQI

尼采1844年10月15日出生于德国东部吕采恩镇附近的勒肯村。他父亲曾任普鲁士王国四位公主的教师并处于普鲁士国王的庇护之下。幼年的尼采受到父亲的喜爱，可不幸的是在尼采4岁时，父亲死于脑软化症。数月后，两岁的弟弟又夭折。亲人的接连死亡，使这天性敏感的孩子过早地领略了人生的阴暗面，铸就了他的忧郁内向的性格。第二年，尼采全家迁居瑙姆堡，投奔祖母和两位姑母。在瑙姆堡，他读完了小学和文科中学。在学校里，他显得孤僻和不合群，但他异常珍惜友谊，择友的趣味很高。他有两个知心好友：威廉·平德尔和古斯塔夫·克鲁格。他与前者常常讨论诗，互相交换诗作；与后者讨论音乐、演奏乐曲，或共同倾听克鲁格的父亲——一位精通音乐、与门德尔松交往甚笃的乐师——弹琴，沉浸在德国古典音乐的旋律中。

1864年，20岁的尼采进入波恩大学，开始研究语言学和神学，但他很快便开始厌倦神学了。尼采不愿一遍又一遍地去读黑格尔、费希特、谢林等人的论文。他是一个诗人，要激情、直觉和具有神秘色彩的东西，不能满足于科学世界的清晰与冷静。而且他在修养和气质上太像一个贵族，他从没想

尼采

过要过安宁而舒适的生活,所以他不可能对一般人有节制的欢乐和痛苦这样一种可怜的生活理想感兴趣。而在这段时期,尼采对基督教的信仰越发远离了,尼采抛弃了宗教问题的约束,对于权威便愈富于反抗精神。

在莱比锡期间,尼采偶然在一家书店买到叔本华的巨著《作为意志和表象的世界》,他立刻被这位已逝6年的忧郁智者迷住了,他狂热地喊着:"我发现了一面镜子,在这里面,我看世界,人生和自己的个性被描述得惊人的宏壮。"尼采深受叔本华那种独抱孤怀的精神的感染,但他并没有染上悲观色彩,虽然叔本华所感受到的时代痛苦,同样地积压在尼采的肩膀上,后来尼采发现叔本华的悲观思想可以用希腊艺术来医治。当时同样吸引尼采的还有大名鼎鼎的剧作家瓦格纳。这位天才以音乐的形式表现着叔本华的思想,当时瓦格纳之所以吸引尼采,不仅由于他的伟大性,同时也因尼采深爱音乐之故。在尼采和瓦格纳相识的3年中,他的处女作《悲剧的诞生》出版。在书里尼采说,只有瓦格纳的音乐可以拯救现代的文化的危机。尼采把一个艺术理想置于瓦格纳的歌剧上面。为此瓦格纳将尼采视为知己,他在读完《悲剧的诞生》之后,对尼采叫喊着:"我从来没有读过一本像这样好的书,简直伟大极了!"可是1876年夏季,瓦格纳在拜垒上演他的新作《尼布龙根的指环》,尼采认为整部剧都充满了基督教的色彩、堕落的气氛,瓦格纳的歌剧变成人类的软化剂!从此尼采与瓦格纳关系破裂了。

1879年,尼采结束了巴塞尔大学十年的教授生涯,从此开始了他的没有职业、没有家室、没有友伴的孤独的漂泊生涯,也同时开始了他成长为一个真正的哲学家的生活,一个独创的哲学家。1882年,尼采与一位叫露·莎乐美的年轻俄国少女结识。在渐渐熟识之后,尼采对这个女子心怀好感,希望与之永结连理,但莎乐美却不想结婚。加之他的妹妹嫌恶莎乐美,她的干预使尼采与莎乐美的关系最终破裂。这期间他写作出版了他的大部分著作:《查拉图斯特拉如是说》、《快乐的科学》、《道德的系谱》、《偶像的黄昏》、《曙光——对道德偏见的反思》等。这十年可以说是尼采哲学活动的"黄金时代"。

1889年1月3日,尼采走在街上,看到一个马车夫在残暴地鞭打一匹马,这个神经脆弱的哲学家便又哭又喊,扑上前去,抱住马脖子,疯了。数日后,他的朋友奥维贝克把他带回德国去。病历记载:这个病人喜欢拥抱和亲吻街上的任何一个行人,孤独使他疯狂,他也终于在疯狂中摆脱了孤独。1900年8月25日,这位生不逢时的思想大师在魏玛与世长辞。

延伸阅读

《查拉图斯特拉如是说》 是尼采的最具代表性的作品之一,这本以散文诗体写就的杰作,以振聋发聩的奇异灼见和横空出世的警世之语宣讲"超人哲学"和"权力意志",横扫了基督教所造成的精神奴性的方方面面,谱写了一曲自由主义的人性壮歌。在这本书里，尼采宣告"上帝死了"，让"超人"出世，于是近代人类思想的天空有了一道光耀千年的奇异彩虹。

＊　＊　＊　＊

《善恶的彼岸》是尼采另一部伟大的著作。尼采在该书中力图界写"善"与"恶"这两个相对的词，力图区分不道德和非道德。他察觉到人们为使古代道德准则和现代人的需要相一致所做的努力是有矛盾的，他认识到人们经常在道德理论和社会实践之间做出妥协。他的目的是确立道德与需要之间的关系，为人类行为构造一个可操作的基础。所以，《善恶的彼岸》是尼采对一种新道德体系做出的最重要的贡献之一，触及了其哲学的许多最深层的原理。